ERSTE HILFE
DEUTSCH

Susanne Geiger

Grammatik einfach und klar

Deutsch lernen mit Tabellen

Hueber Verlag

3. 2. 1. | Die letzten Ziffern
2021 20 19 18 17 | bezeichnen Zahl und Jahr des Druckes.
Alle Drucke dieser Auflage können, da unverändert, nebeneinander benutzt werden.
1. Auflage

Umschlaggestaltung: creative partners gmbh, München
Cover © Hueber Verlag, München
Zeichnungen: Irmtraud Guhe, München
Layout und Satz: Sieveking · Agentur für Kommunikation, München
Verlagsredaktion: Sonja Ott-Dörfer, Katharina Zurek, Hueber Verlag, München
Druck und Bindung: Firmengruppe APPL, aprinta druck GmbH, Wemding
Printed in Germany
ISBN 978-3-19-381003-8

Art. 530_23842_001_01

Inhalt

Vorwort

Erste Hilfe Deutsch – Grammatik einfach und klar. Deutsch lernen mit Tabellen präsentiert in sieben übersichtlichen Kapiteln grundlegende grammatische Strukturen der deutschen Sprache. Sie decken die Niveaustufe A1+ ab und gehen im Einzelnen darüber hinaus. Die Grammatiktabellen sind für das Selbststudium und zum Nachschlagen, aber auch für den Einsatz im Unterricht geeignet.

Es gibt Formentabellen und Beispieltabellen, die sich gegenseitig ergänzen.

Die **Formentabellen** sind so gestaltet, dass keine zusätzlichen grammatischen Erklärungen notwendig sind. Sie sind aus sich selbst heraus verständlich. Die grammatische Terminologie ist dabei auf ein notwendiges Minimum beschränkt.

Die **Beispieltabellen** greifen die zu lernenden Formen auf. Sie bieten Sätze und Kontexte, die der Alltagssprache und typischen Situationen entnommen sind. Der Wortschatz ist einfach und abwechslungsreich und stammt aus verschiedenen alltagsrelevanten Themenbereichen. Alle Sätze sind so gewählt, dass sie direkt anwendbar sind.

Besonders häufig vorkommende, meist idiomatische Ausdrücke und Sätze, findet man in den mit Pfeil ⇨ gekennzeichneten Beispieltabellen.

Der Einsatz von **Farben** verdeutlicht die unterschiedlichen grammatischen Phänomene in den Tabellen. Dadurch werden Regeln sowie besondere grammatische Formen und Strukturen deutlich hervorgehoben. Es gibt folgende parallele Farbverteilungen:

Rot, alternativ Grün: allgemeine Signalfarben
Blau: Verben und Verbformen
Genus-Markierung: Maskulinum blau, Femininum rot, Neutrum grün und Plural gelb
Kasus-Markierung: Nominativ blau, Akkusativ rot, Dativ grün
Präpositionalergänzungen gelb

Die Farben lenken die Aufmerksamkeit auf das, was jeweils im Fokus steht. Bei der Adjektivdeklination z. B. liegt der Fokus auf den sog. starken Endungen, die schwachen bleiben unmarkiert. Während in den Formentabellen Endungen markiert werden, erscheint in den Beispieltabellen jeweils das gesamte Wort farbig.

Auch ohne Verständnis für Strukturen, Formen und Endungen ist diese Grammatik eine sinnvolle Lernhilfe für den Einstieg in die deutsche Sprache. Die Tabellen sind optisch ansprechend und einprägsam. Sie überfordern nicht und sind dennoch eine Fundgrube für jeden Anfänger.

Verben

Ich bin Paul. – *Präsens*

Ich bin Paul.	**sein – haben – werden**

sein

ich	bin	*wir*	sind	Ich bin Paul.
du	bist	*ihr*	seid	Wer bist du?
er/sie/es	ist	*sie/Sie*	sind	Das ist Anna.
				Wir sind Freunde.
				Seid ihr Paul und Anna?

⇨

Ich bin krank.	Mir ist nicht gut.
Er ist Arzt.	Es ist schön hier.
Ihr seid in Deutschland.	Das ist wichtig.
Wann sind Sie zu Hause?	

haben

ich	habe	*wir*	haben	Ich habe drei Kinder.
du	hast	*ihr*	habt	Hast du ein Auto?
er/sie/es	hat	*sie/Sie*	haben	Er hat ein Haus.
				Wir haben einen Hund.
				Habt ihr Tiere?

⇨

Ich habe viel Zeit.	Hast du Fieber?
Du hast keine Lust.	Er hat Kopfweh.
Er hat wenig Geld.	Ihr habt Grippe.
Sie haben keine Ahnung.	
Warum haben Sie Angst?	

werden				
ich	werde	*wir*	werden	Ich werde Ärztin.
du	wirst	*ihr*	werdet	Wie alt wirst du morgen?
er/sie/es	wird	*sie/Sie*	werden	Sie wird erwachsen.
				Hoffentlich werden wir nicht krank.
				Ihr werdet wieder gesund!

⇨

Es wird warm.	Mir wird kalt.

Sie geht nach Hause.	**gehen**

gehen				
ich	gehe	*wir*	gehen	Ich gehe zu Fuß.
du	gehst	*ihr*	geht	Du gehst in die Schule.
er/sie/es	geht	*sie/Sie*	gehen	Sie geht nach Hause.
				Wir gehen zum Bäcker.
				Ihr geht ins Theater.

bleiben, brauchen, bringen, danken, denken, duschen, fehlen, fliegen, folgen, fragen, frühstücken, gehen, glauben, hängen, holen, hören, kaufen, kennen, kochen, kommen, lachen, leben, legen, leihen, lernen, liegen, machen, meinen, rauchen, rennen, sagen, schaffen, scheinen, schenken, schicken, schmecken, schneien, schreiben, schwimmen, skypen, spielen, springen, stecken, stehen, steigen, stellen, stimmen, stören, suchen, träumen, trinken, weinen, wohnen, wünschen, zahlen, zeigen, ziehen	Ich bleibe hier. Brauchst du etwas? Das glaube ich nicht. Wir kochen zusammen. Die Sonne scheint. Es schneit. Ich trinke Kaffee. Was wünschen Sie? Wir zahlen bar.

⇨

Wie geht es dir?	Das geht nicht!	Schmeckt es?
Mir geht es gut.	Das stimmt!	Es schmeckt gut.

Verben

Ich telefoniere gerade.	**telefonieren**

telefonieren

ich	telefoniere	*wir*	telefonieren	Ich telefoniere gerade.
du	telefonierst	*ihr*	telefoniert	Du telefonierst mit dem Handy.
er/sie/es	telefoniert	*sie/Sie*	telefonieren	Paul telefoniert mit Anna.
				Sie telefonieren oft.

buchstabieren, diskutieren, funktionieren, gratulieren, informieren, interessieren, korrigieren, notieren, organisieren, passieren, probieren, rasieren, reparieren, studieren	Ich informiere euch. Das interessiert mich. Er repariert sein Fahrrad. Wo studieren Sie?

⇨ Es passiert nichts.

Er tut nichts.	**tun**

tun

ich	tue	*wir*	tun	Ich tue alles für dich.
du	tust	*ihr*	tut	Du tust viel für die Schule.
er/sie/es	tut	*sie/Sie*	tun	Er tut nichts.
				Wir tun unsere Arbeit.
				Was tut ihr hier?

⇨ Was kann ich für Sie tun?
Es gibt viel zu tun.

Wie heißt du?	**heißen – reisen – sitzen**

heißen				
ich	heiße	*wir*	heißen	Ich heiße Anna.
du	heißt	*ihr*	heißt	Wie heißt du?
er/sie/es	heißt	*sie/Sie*	heißen	Er heißt Paul.
				Wir heißen Berger.
				Wie heißen Sie?
begrüßen, grüßen, schließen, zerreißen				Das Geschäft schließt jetzt.

⇨

Wie heißt das auf Deutsch?	Wir möchten Sie herzlich begrüßen.

reisen				
ich	reise	*wir*	reisen	Ich reise gern.
du	reist	*ihr*	reist	Reist du gern?
er/sie/es	reist	*sie/Sie*	reisen	Er reist nach Deutschland.
				Wir reisen ins Ausland.
				Wohin reist ihr?
passen, überweisen, verpassen				Der Termin passt gut.

sitzen				
ich	sitze	*wir*	sitzen	Ich sitze im Sessel.
du	sitzt	*ihr*	sitzt	Sitzt du bequem?
er/sie/es	sitzt	*sie/Sie*	sitzen	Sie sitzt im Zug.
				Ihr sitzt im Bus.
				Sie sitzen im Kreis.
benutzen, besitzen, blitzen, ergänzen, putzen, setzen, tanzen, übersetzen, unterstützen, verletzen				Kann ich dein Handy benutzen? Es blitzt.

Verben

Wo arbeitet ihr?	**arbeiten – finden – öffnen**

arbeiten				
ich	arbeite	*wir*	arbeiten	Ich arbeite als Journalist.
du	arbeitest	*ihr*	arbeitet	Du arbeitest sehr viel.
er/sie/es	arbeitet	*sie/Sie*	arbeiten	Sie arbeitet im Büro. Wo arbeitet ihr? Sie arbeiten Tag und Nacht.
antworten, bedeuten, begleiten, bitten, heiraten, husten, kosten, mieten, starten, streiten, unterrichten, verbieten, warten				Warum antwortest du nicht? Was kostet das?

finden				
ich	finde	*wir*	finden	Ich finde die Schlüssel nicht.
du	findest	*ihr*	findet	Findest du den Weg?
er/sie/es	findet	*sie/Sie*	finden	Er findet seine Sachen nicht. Wir finden den Eingang nicht. Findet ihr die Adresse?
baden, enden, entscheiden, landen, melden, reden, schneiden, senden, unterscheiden				Der Kurs endet bald.

⇨ | Wie findet ihr das? | Ich finde dich nett. |
|---|---|

öffnen				
ich	öffne	*wir*	öffnen	Ich öffne dir die Tür.
du	öffnest	*ihr*	öffnet	Du öffnest das Fenster.
er/sie/es	öffnet	*sie/Sie*	öffnen	Anna öffnet den Brief. Wann öffnet ihr das Paket? Die Geschäfte öffnen um neun Uhr.
regnen				Es regnet.

Ich feiere Geburtstag.	**feiern – klingeln**

feiern				
ich	feiere	*wir*	feiern	Ich feiere Geburtstag.
du	feierst	*ihr*	feiert	Feierst du heute?
er/sie/es	feiert	*sie/Sie*	feiern	Er feiert nicht.
				Paul und Anna feiern Hochzeit.
				Feiern Sie gern?
ändern, ärgern, dauern, donnern, erinnern, klettern, sich kümmern, verbessern, wandern				Anna ärgert ihren Bruder.
				Der Film dauert zwei Stunden.
				Es donnert.

⇨ Das ändert nichts.

klingeln				
ich	klingle	*wir*	klingeln	Ich klingle an der Tür.
du	klingelst	*ihr*	klingelt	Du klingelst kurz.
er/sie/es	klingelt	*sie/Sie*	klingeln	Das Telefon klingelt.
				Es klingelt (an der Tür).
				Wir klingeln bei den Nachbarn.
googeln, hageln, lächeln, radeln, sammeln				Wir googeln im Internet.
				Es hagelt.

Verben

Es gibt Kuchen. **geben – sprechen – essen – nehmen – sehen – empfehlen – lesen**

geben				
ich	gebe	*wir*	geben	Ich gebe dir meine Telefonnummer.
du	gibst	*ihr*	gebt	Gibst du mir den Mantel?
er/sie/es	gibt	*sie/Sie*	geben	Anna gibt Paul ein Geschenk.
				Wir geben immer Trinkgeld.
				Gebt ihr mir eure Taschen?
helfen, treffen, sterben, werfen				Hilfst du mir?
				Paul trifft oft Freunde.

⇨ Es gibt Kuchen. | Was gibt es im Fernsehen?

sprechen				
ich	spreche	*wir*	sprechen	Ich spreche Deutsch.
du	sprichst	*ihr*	sprecht	Sprichst du Deutsch?
er/sie/es	spricht	*sie/Sie*	sprechen	Paul spricht drei Sprachen.
				Wir sprechen langsam.
				Ihr sprecht deutlich.

⇨ Kann ich Sie bitte kurz sprechen?

essen				
ich	esse	*wir*	essen	Ich esse jetzt.
du	isst	*ihr*	esst	Isst du gern Fisch?
er/sie/es	isst	*sie/Sie*	essen	Er isst wenig Fleisch.
				Wir essen später.
				Esst ihr mit uns?
vergessen				Ich vergesse dich nicht.

nehmen				
ich	nehme	*wir*	nehmen	Ich nehme ein Bier.
du	nimmst	*ihr*	nehmt	Was nimmst du?
er/sie/es	nimmt	*sie/Sie*	nehmen	Er nimmt den Bus.
				Ihr nehmt ein Taxi.
				Nehmen Sie die Schuhe?

sehen				
ich	sehe	*wir*	sehen	Ich sehe dich nicht.
du	siehst	*ihr*	seht	Siehst du das Haus?
er/sie/es	sieht	*sie/Sie*	sehen	Anna sieht schlecht.
				Wir sehen Paul heute Abend.
				Seht ihr das Schild nicht?

empfehlen				
ich	empfehle	*wir*	empfehlen	Ich empfehle dieses Hotel.
du	empfiehlst	*ihr*	empfehlt	Was empfiehlst du mir?
er/sie/es	empfiehlt	*sie/Sie*	empfehlen	Der Arzt empfiehlt Ruhe.
				Wir empfehlen dir dieses Buch.
				Empfehlt ihr den Film?

lesen				
ich	lese	*wir*	lesen	Ich lese gern.
du	liest	*ihr*	lest	Was liest du?
er/sie/es	liest	*sie/Sie*	lesen	Er liest die Zeitung.
				Wir lesen viel.
				Lest ihr oft?

Verben

Der Zug fährt gleich.	**fahren – halten – laufen**

fahren				
ich	fahre	*wir*	fahren	Ich fahre nach Hause.
du	fährst	*ihr*	fahrt	Du fährst sehr schnell.
er/sie/es	fährt	*sie/Sie*	fahren	Der Zug fährt gleich.
				Wohin fahrt ihr?
				Sie fahren ans Meer.
fallen, gefallen, lassen, schlafen, tragen, waschen				Die Bilder gefallen mir. Wer trägt den Koffer?

⇨

Wie gefällt es dir hier?	Er trägt nie Hemden.

halten				
ich	halte	*wir*	halten	Ich halte deine Tasche.
du	hältst	*ihr*	haltet	Hältst du das mal kurz?
er/sie/es	hält	*sie/Sie*	halten	Der Bus hält hier.
				Ihr haltet vor der Schule.
				Die Autos halten an der Ampel.
raten, sich unterhalten				Was rätst du mir?

laufen				
ich	laufe	*wir*	laufen	Ich laufe nach Hause.
du	läufst	*ihr*	lauft	Läufst du zu Fuß?
er/sie/es	läuft	*sie/Sie*	laufen	Er läuft schnell.
				Ihr lauft zum Bus.
				Die Kinder laufen in die Schule.

⇨

Wie läuft's?	Was läuft im Kino?

Sie besuchen Freunde.	**besuchen – verstehen**

be-, ent-, er-, ge-, über-, unter-, ver-, wieder-

besuchen

ich	besuche	*wir*	besuchen	Ich besuche dich.
du	besuchst	*ihr*	besucht	Du besuchst Verwandte.
er/sie/es	besucht	*sie/Sie*	besuchen	Anna besucht Bekannte.
				Besucht ihr uns mal?
				Sie besuchen Freunde.

bedeuten, beginnen, begleiten, behalten, bekommen, benutzen, bestellen, bezahlen	Ihr bestellt Kaffee. Wer bezahlt?
entscheiden, entschuldigen	Der Chef entscheidet.
erklären, erlauben, erreichen, erzählen	Wir erklären dir die Grammatik.
gefallen, gehören, gewinnen	Das Wörterbuch gehört Paul.

verstehen

ich	verstehe	*wir*	verstehen	Ich verstehe nichts.
du	verstehst	*ihr*	versteht	Verstehst du etwas?
er/sie/es	versteht	*sie/Sie*	verstehen	Er versteht gut Deutsch.
				Wir verstehen dich.
				Ihr versteht das Problem nicht.

übersetzen, überweisen	Ich übersetze das Gespräch.
sich unterhalten, unterrichten, unterschreiben, untersuchen	Du unterschreibst den Vertrag. Der Arzt untersucht das Kind.
verbessern, verbieten, verbringen, verdienen, vereinbaren, vergessen, verkaufen, verlieren, vermieten, verpassen, versuchen	Anna verdient nicht viel. Paul verkauft sein Motorrad.
wiederholen	Wir wiederholen die Wörter.

Verben

Ich rufe dich an. **anrufen – mitkommen**

ab-, an-, auf-, aus-, ein-, her-, hin-, mit-, um-, weg-, zu-, zurück-

anrufen

ich	rufe an	*wir*	rufen an	Ich rufe dich an.
du	rufst an	*ihr*	ruft an	Rufst du ihn an?
er/sie/es	ruft an	*sie/Sie*	rufen an	Anna ruft Paul an.
				Wir rufen Sie morgen an.
				Ihr ruft eure Eltern an.

abbiegen, abfahren, abfliegen, abgeben, abholen	Der Zug fährt gleich ab.
anbieten, anfangen, anhaben, ankommen, anmachen, anmelden, anschauen, anziehen	Paul hat einen Anzug an.
	Wann kommt der Zug an?
aufhören, aufmachen, aufpassen, aufstehen	Anna macht die Tür auf.
ausfüllen, ausmachen, aussehen, aussteigen	Wir steigen hier aus.
einkaufen, einladen, einpacken, einschlafen, einsteigen	Er lädt alle ein.

mitkommen

ich	komme mit	*wir*	kommen mit	Ich komme gern mit.
du	kommst mit	*ihr*	kommt mit	Kommst du mit uns mit?
er/sie/es	kommt mit	*sie/Sie*	kommen mit	Anna kommt zur Party mit.
				Wir kommen leider nicht mit.
				Kommt ihr mit?

herkommen	Wo kommst du her?
hinfallen, hingehen, hinlegen	Wo gehst du hin?
mitbringen, mitfahren, mitmachen, mitnehmen	Wir nehmen euch mit.
umsteigen, umziehen	Wann zieht ihr um?
wegfahren, weggehen, weglaufen, wegwerfen	Wir werfen nichts weg.
zuhören, zumachen	Die Kinder hören nie zu.
zurückgeben, zurückkommen	Er kommt bald zurück.

Sie sehen nie fern.	**fernsehen**

fern-, statt-, teil-

fernsehen				
ich	sehe fern	*wir*	sehen fern	Siehst du oft fern?
du	siehst fern	*ihr*	seht fern	Ihr seht abends fern.
er/sie/es	sieht fern	*sie/Sie*	sehen fern	Sie sehen nie fern.
stattfinden, teilnehmen				Das Konzert findet nicht statt. Ich nehme am Kurs teil.

Paul beeilt sich.	**sich beeilen**

sich beeilen				
ich	beeile mich	*wir*	beeilen uns	Paul beeilt sich.
du	beeilst dich	*ihr*	beeilt euch	Ich ärgere mich.
er/sie/es	beeilt sich	*sie/Sie*	beeilen sich	Du ruhst dich aus.
sich ärgern, sich anmelden, sich ausruhen, sich entschuldigen, sich erinnern, sich freuen, sich fühlen, sich kümmern, sich rasieren, sich setzen, sich treffen, sich unterhalten, sich waschen				Anna erinnert sich nicht. Wir freuen uns. Ihr fühlt euch wohl hier. Paul und Anna unterhalten sich.

Verben

Ich kann Deutsch.	**können – mögen – müssen – dürfen – wollen – sollen**

können

ich	kann	*wir*	können	Ich kann Deutsch.
du	kannst	*ihr*	könnt	Kannst du mal kommen?
er/sie/es	kann	*sie/Sie*	können	Er kann gut kochen.
				Wir können dir helfen.
				Könnt ihr bitte zuhören?

mögen

ich	mag	*wir*	mögen	Ich mag Deutschland.
du	magst	*ihr*	mögt	Magst du Bier?
er/sie/es	mag	*sie/Sie*	mögen	Paul mag Anna.
				Ihr mögt kein Fleisch.
				Mögen Sie Fisch?

müssen

ich	muss	*wir*	müssen	Ich muss nach Hause.
du	musst	*ihr*	müsst	Du musst zum Arzt (gehen).
er/sie/es	muss	*sie/Sie*	müssen	Er muss arbeiten.
				Ihr müsst euch beeilen.
				Sie müssen Geld verdienen.

dürfen

ich	darf	*wir*	dürfen	Ich darf hierbleiben.
du	darfst	*ihr*	dürft	Du darfst lachen!
er/sie/es	darf	*sie/Sie*	dürfen	Hier darf man nicht rauchen.
				Dürfen wir kurz stören?
				Ihr dürft gern fragen.

wollen				
ich	will	*wir*	wollen	Ich will Deutsch lernen.
du	willst	*ihr*	wollt	Willst du Kaffee?
er/sie/es	will	*sie/Sie*	wollen	Er will Ingenieur werden.
				Wollen wir gehen?
				Ihr wollt keinen Ärger.

⇨ Seine Eltern wollen, dass er studiert.

sollen				
ich	soll	*wir*	sollen	Ich soll im Bett bleiben.
du	sollst	*ihr*	sollt	Du sollst zum Chef (kommen).
er/sie/es	soll	*sie/Sie*	sollen	Wie lange soll sie warten?
				Was sollen wir tun?
				Ihr sollt schlafen.

⇨ Was soll das?

Das weiß ich nicht.	**wissen**

wissen				
ich	weiß	*wir*	wissen	Das weiß ich nicht.
du	weißt	*ihr*	wisst	Woher weißt du das?
er/sie/es	weiß	*sie/Sie*	wissen	Jeder weiß das.
				Wir wissen nichts.
				Wisst ihr den Weg?

⇨ Ich weiß, dass du keine Zeit hast.

Verben

Warte bitte! – *Imperativ*

kommen, warten	*du kommst/wartest* →	**komm**	**warte**
	ihr kommt/wartet →	**kommt**	**wartet**
	Sie kommen/warten →	**kommen Sie**	**warten Sie**

Komm endlich!	Warte bitte!

	grüßen, kommen, telefonieren, tun	*antworten, reden, warten*
du	Grüß alle! Komm endlich! Telefonier nicht so lang! Tu doch etwas!	Antworte endlich! Rede nicht so viel! Warte bitte!
ihr	Kommt nicht zu spät! Telefoniert später!	Redet mit uns! Wartet mal!
Sie	Grüßen Sie Ihre Frau! Kommen Sie zu mir!	Antworten Sie bitte! Reden Sie!

Sprich leise!	Fahr nicht so schnell!

	geben, lesen, nehmen, sprechen	*fahren, halten, laufen, schlafen*
du	Gib mir mal die Zeitung! Lies langsam! Nimm doch noch! Sprich leise!	Fahr nicht so schnell! Halt(e) mal die Tasche! Lauf schnell! Schlaf endlich!
ihr	Lest bitte den Text! Nehmt das Wörterbuch!	Fahrt nach Hause! Lauft endlich!
Sie	Geben Sie uns Zeit! Sprechen Sie bitte laut!	Fahren Sie bitte langsam! Schlafen Sie gut!

⇨ Halt! = *Stopp!*

Besuch uns mal!	Hör bitte zu!

	besuchen, entschuldigen, erzählen, unterschreiben, verlieren	*aufpassen, fernsehen, mitbringen, weggehen, zuhören*
du	Besuch uns mal! Entschuldige!	Pass gut auf! Hör bitte zu!
ihr	Erzählt mal! Verliert nichts!	Seht nicht so viel fern! Hört genau zu!
Sie	Entschuldigen Sie die Störung! Unterschreiben Sie bitte hier!	Bringen Sie Ihren Pass mit! Gehen Sie nicht weg!

Beeil dich bitte!

	sich ärgern, sich beeilen, sich fühlen, sich setzen, sich waschen
du	Ärger(e) dich nicht! Beeil dich bitte!
ihr	Setzt euch doch! Wascht euch die Hände!
Sie	Fühlen Sie sich wie zu Hause! Setzen Sie sich bitte!

Sei vorsichtig!	**sein – haben – werden**

	sein	*haben*	*werden*
du	sei	hab	werde
ihr	seid	habt	werdet
Sie	seien Sie	haben Sie	werden Sie

du	Sei vorsichtig! Hab keine Angst! Werde schnell gesund!
ihr	Seid nett! Habt Spaß! Werdet glücklich!
Sie	Seien Sie nicht traurig! Haben Sie Geduld! Werden Sie nicht krank!

Verben

Sie hat gelacht. – *Perfekt*

haben/sein +	***Partizip Perfekt***

lachen →	**gelacht**	***Partizip Perfekt***

fragen	gefragt	*meinen*	gemeint	*bringen*	gebracht
frühstücken	gefrühstückt	*passen*	gepasst	*denken*	gedacht
grüßen	gegrüßt	*schneien*	geschneit	*kennen*	gekannt
lachen	gelacht	*zahlen*	gezahlt	*wissen*	gewusst

gewartet – geredet – geregnet

antworten	geantwortet	*landen*	gelandet	*öffnen*	geöffnet
warten	gewartet	*reden*	geredet	*regnen*	geregnet

gefeiert – geklingelt

ändern	geändert	*googeln*	gegoogelt
feiern	gefeiert	*klingeln*	geklingelt

telefoniert

informieren	informiert
telefonieren	telefoniert

gekommen – gegangen

fahren	gefahren	*gehen*	gegangen
kommen	gekommen	*sprechen*	gesprochen

⇨

essen	gegessen

erlaubt – verboten

besuchen	besucht	*bekommen*	bekommen
entschuldigen	entschuldigt	*entscheiden*	entschieden
erlauben	erlaubt	*gefallen*	gefallen
untersuchen	untersucht	*überweisen*	überwiesen
verbringen	verbracht	*unterschreiben*	unterschrieben
verkaufen	verkauft	*verbieten*	verboten

aufgehört – angefangen

abholen	abgeholt	*anfangen*	angefangen
aufhören	aufgehört	*aussteigen*	ausgestiegen
einkaufen	eingekauft	*einladen*	eingeladen
hinlegen	hingelegt	*hinfallen*	hingefallen
mitbringen	mitgebracht	*stattfinden*	stattgefunden
zuhören	zugehört	*teilnehmen*	teilgenommen

Verben

***Perfekt mit* haben**

Sie hat die ganze Zeit gelacht.	**hat gelacht**

	1	**2**		***Ende***
arbeiten	Ich	habe	in München	gearbeitet.
besuchen	Du	hast	uns noch nie	besucht.
dauern	Der Film	hat	drei Stunden	gedauert.
einladen	Sie	hat	euch schon oft	eingeladen.
essen	Wir	haben	heute noch nichts	gegessen.
feiern	Ihr	habt	bis Mitternacht	gefeiert.
frühstücken	Sie	haben	um sieben Uhr	gefrühstückt.
lachen	Sie	hat	die ganze Zeit	gelacht.
regnen	Es	hat	drei Wochen lang	geregnet.
sich ausruhen	Anna	hat	sich am Sonntag	ausgeruht.
sich rasieren	Paul	hat	sich heute nicht	rasiert.

Er hat Glück gehabt.	**hat gehabt – gedurft – gekonnt – gemocht – gewollt**

haben	Er hat Glück gehabt.
dürfen	Ich habe das nie gedurft.
können	Du hast die Übung gekonnt.
mögen	Sie hat ihren Lehrer sehr gemocht.
wollen	Wir haben das nicht gewollt.

***Perfekt* mit sein**

Er ist nach Hause gegangen.	**ist gegangen**

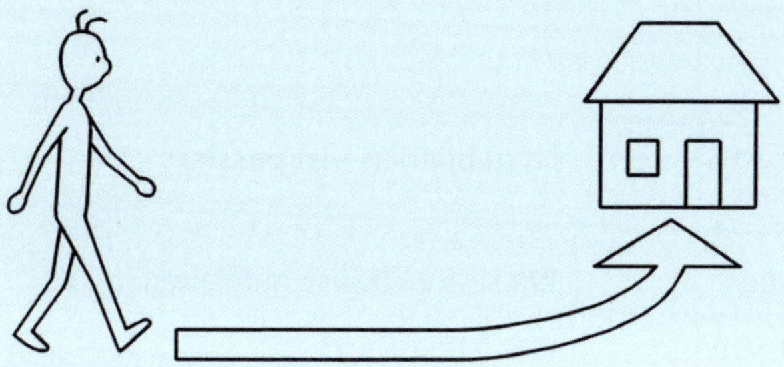

	1	**2**		***Ende***
abfahren	Der Bus	ist	gerade	abgefahren.
ankommen	Der Zug	ist	vor zwei Stunden	angekommen.
fahren	Ich	bin	in die Stadt	gefahren.
fallen	Du	bist	vom Fahrrad	gefallen.
gehen	Er	ist	nach Hause	gegangen.
kommen	Wir	sind	zu spät	gekommen.
landen	Das Flugzeug	ist	pünktlich in Wien	gelandet.
laufen	Ihr	seid	den ganzen Weg	gelaufen.
reisen	Sie	sind	nach Wien	gereist.
rennen	Ich	bin	schnell nach Hause	gerannt.
springen	Du	bist	über die Mauer	gesprungen.
starten	Wann	ist	das Flugzeug	gestartet?
weggehen	Sie	ist	leider schon	weggegangen.
weglaufen	Die Kinder	sind	vor dem Hund	weggelaufen.

Verben

aufstehen	Paul	ist	spät	aufgestanden.
aufwachen	Wir	sind	um sechs Uhr	aufgewacht.
einschlafen	Die Kinder	sind	sofort	eingeschlafen.
sterben	Er	ist	vor zehn Jahren	gestorben.

Was ist passiert?	**ist geblieben – ist passiert**

bleiben	Wir sind zu Hause geblieben.
passieren	Was ist passiert?

Ich bin allein gewesen.	**ist gewesen – ist geworden**

sein	Ich bin allein gewesen.
werden	Sie ist Stewardess geworden.

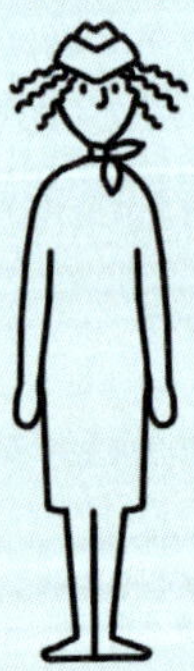

hat abgegeben	*Unregelmäßige Verben*

	Präsens	*Perfekt*
abgeben	gibt ab	hat abgegeben
anbieten	bietet an	hat angeboten
anfangen	fängt an	hat angefangen
anrufen	ruft an	hat angerufen
anziehen	zieht an	hat angezogen
beginnen	beginnt	hat begonnen
bekommen	bekommt	hat bekommen
bitten	bittet	hat gebeten
einladen	lädt ein	hat eingeladen
empfehlen	empfiehlt	hat empfohlen
essen	isst	hat gegessen
finden	findet	hat gefunden
geben	gibt	hat gegeben
gefallen	gefällt	hat gefallen
gewinnen	gewinnt	hat gewonnen
hängen	hängt	hat gehangen
halten	hält	hat gehalten
heißen	heißt	hat geheißen
helfen	hilft	hat geholfen
lassen	lässt	hat gelassen
leihen	leiht	hat geliehen
lesen	liest	hat gelesen
liegen	liegt	hat gelegen
nehmen	nimmt	hat genommen
scheinen	scheint	hat geschienen

Verben

schlafen	schläft	hat geschlafen
schließen	schließt	hat geschlossen
schreiben	schreibt	hat geschrieben
sehen	sieht	hat gesehen
sitzen	sitzt	hat gesessen
sprechen	spricht	hat gesprochen
stattfinden	findet statt	hat stattgefunden
stehen	steht	hat gestanden
streiten	streitet	hat gestritten
teilnehmen	nimmt teil	hat teilgenommen
tragen	trägt	hat getragen
treffen	trifft	hat getroffen
trinken	trinkt	hat getrunken
überweisen	überweist	hat überwiesen
sich unterhalten	unterhält sich	hat sich unterhalten
unterschreiben	unterschreibt	hat unterschrieben
verbieten	verbietet	hat verboten
vergessen	vergisst	hat vergessen
verlieren	verliert	hat verloren
werfen	wirft	hat geworfen

tun	tut	hat getan

bringen	bringt	hat gebracht
denken	denkt	hat gedacht
kennen	kennt	hat gekannt
wissen	weiß	hat gewusst

ist abgefahren	***Unregelmäßige Verben***

	Präsens	***Perfekt***
abfahren	fährt ab	ist abgefahren
abfliegen	fliegt ab	ist abgeflogen
ankommen	kommt an	ist angekommen
aufstehen	steht auf	ist aufgestanden
aussteigen	steigt aus	ist ausgestiegen
bleiben	bleibt	ist geblieben
einschlafen	schläft ein	ist eingeschlafen
einsteigen	steigt ein	ist eingestiegen
fahren	fährt	ist gefahren
fallen	fällt	ist gefallen
fliegen	fliegt	ist geflogen
gehen	geht	ist gegangen
hinfallen	fällt hin	ist hingefallen
kommen	kommt	ist gekommen
laufen	läuft	ist gelaufen
rennen	rennt	ist gerannt
schwimmen	schwimmt	ist geschwommen
springen	springt	ist gesprungen
steigen	steigt	ist gestiegen
sterben	stirbt	ist gestorben
umsteigen	steigt um	ist umgestiegen
umziehen	zieht um	ist umgezogen

Verben

Ich war zu Hause. – *Präteritum*

war – hatte

Ich war zu Hause.

sein				
ich	war	*wir*	waren	Ich war zu Hause.
du	warst	*ihr*	wart	Du warst nicht da.
er/sie/es	war	*sie/Sie*	waren	Der Urlaub war schön.
				Wir waren am Meer.
				Wart ihr weg?

⇨ Das war's schon!
Sie waren schwimmen.

Du hattest Glück.

haben				
ich	hatte	wir	hatten	Ich hatte keine Zeit.
du	hattest	ihr	hattet	Du hattest Glück.
er/sie/es	hatte	sie/Sie	hatten	Anna hatte nie ein Tier.
				Wir hatten eine Katze.
				Hattet ihr Urlaub?

konnte – musste – durfte – wollte

Er konnte nicht kommen.

können

ich	konnte	*wir*	konnten	Ich konnte gut schlafen.
du	konntest	*ihr*	konntet	Du konntest das nicht wissen.
er/sie/es	konnte	*sie/Sie*	konnten	Er konnte nicht kommen.
				Wir konnten nichts für Sie tun.
				Konntet ihr die Übung?

Sie musste lange warten.

müssen

ich	musste	*wir*	mussten	Ich musste schon gehen.
du	musstest	*ihr*	musstet	Musstest du das tun?
er/sie/es	musste	*sie/Sie*	mussten	Sie musste lange warten.
				Ihr musstet arbeiten.
				Sie mussten ins Bett (gehen).

Ich durfte nichts sagen.

dürfen

ich	durfte	*wir*	durften	Ich durfte nichts sagen.
du	durftest	*ihr*	durftet	Durftest du bleiben?
er/sie/es	durfte	*sie/Sie*	durften	Sie durfte nicht fernsehen.
				Wir durften nicht zuschauen.
				Ihr durftet nach Köln (fahren).

Verben

Was wolltest du?

wollen				
ich	wollte	*wir*	wollten	Ich wollte das nicht.
du	wolltest	*ihr*	wolltet	Was wolltest du?
er/sie/es	wollte	*sie/Sie*	wollten	Er wollte nach Dresden.
				Wolltet ihr etwas sagen?
				Sie wollten keine Hilfe.

Das wusste ich nicht. **wusste**

wissen				
ich	wusste	*wir*	wussten	Das wusste ich nicht.
du	wusstest	*ihr*	wusstet	Wusstest du das?
er/sie/es	wusste	*sie/Sie*	wussten	Er wusste alles.
				Wir wussten nichts.
				Wusstet ihr Bescheid?

Ich hätte gern einen Kaffee. – *Konjunktiv II*

hätte – wäre – würde – möchte – könnte – sollte

Ich hätte gern einen Kaffee.

haben				
ich	hätte	*wir*	hätten	Ich hätte gern einen Kaffee.
du	hättest	*ihr*	hättet	Hättest du morgen Zeit?
er/sie/es	hätte	*sie/Sie*	hätten	Paul hätte gern ein Auto.
				Wir hätten gern die Rechnung.
				Hättet ihr Lust?

Ich wäre gern reich.

sein				
ich	wäre	*wir*	wären	Ich wäre gern reich.
du	wärst	*ihr*	wärt	Wärst du gern Pilot?
er/sie/es	wäre	*sie/Sie*	wären	Wäre das möglich?
				Wir wären jetzt gern zu Hause.
				Ihr wärt gern Schauspielerinnen.

Wir würden gern zahlen.

werden				
ich	würde	*wir*	würden	Ich würde dich gern sprechen.
du	würdest	*ihr*	würdet	Würdest du mich abholen?
er/sie/es	würde	*sie/Sie*	würden	Er würde gern gehen.
				Wir würden gern zahlen.
				Würdet ihr bitte zuhören?

Verben

Er möchte nach Hause.

mögen/„möchten“				
ich	möchte	*wir*	möchten	Ich möchte nichts essen.
du	möchtest	*ihr*	möchtet	Was möchtest du trinken?
er/sie/es	möchte	*sie/Sie*	möchten	Er möchte nach Hause.
				Wir möchten zahlen.
				Ihr möchtet gern ein Auto.

⇨ Ich möchte, dass ihr gut Deutsch lernt.

Ihr könntet uns helfen.

können				
ich	könnte	*wir*	könnten	Ich könnte den Salat machen.
du	könntest	*ihr*	könntet	Könntest du kommen?
er/sie/es	könnte	*sie/Sie*	könnten	Er könnte dich mitnehmen.
				Könnten wir bitte zahlen?
				Ihr könntet uns helfen.

Du solltest dich ausruhen.

sollen				
ich	sollte	*wir*	sollten	Ich sollte weniger rauchen.
du	solltest	*ihr*	solltet	Du solltest dich ausruhen.
er/sie/es	sollte	*sie/Sie*	sollten	Er sollte sich entschuldigen.
				Wir sollten mehr lernen.
				Ihr solltet das wissen.

Paul bringt das Paket zur Post. – *Ergänzungen*

Paul arbeitet. Der Laptop ist neu.	**Wer oder was? → *Nominativ***

alle Verben	Paul arbeitet. Anna schläft. Die Kinder spielen.
	Der Laptop ist neu. Ich finde ihn gut.
	Die Party beginnt um acht. Sie wird super.
	Das Essen schmeckt. Hast du Hunger?
	Wir können nicht kommen. Kommt ihr?

⇨

Es ist schon spät.	Stimmt das?
Es regnet.	Das ist richtig.
Es gibt Kuchen.	

Ich begleite dich. Wir nehmen die U-Bahn.	**Wen oder was? → *Akkusativ***

sehr viele Verben	Paul hat einen Laptop.
	Ich begleite dich.
	Kennst du den Weg?
	Wir nehmen die U-Bahn.
	Ihr macht Urlaub.
	Sie treffen Freunde.
	Anna isst die Äpfel.

⇨

Ich weiß es nicht.
Das weiß ich nicht.

Verben

Alle helfen mir.	**Wem? → *Dativ***

antworten	Er antwortet der Lehrerin nicht.
danken	Ich danke Ihnen.
fehlen	Seine Familie fehlt ihm.
folgen	Folgen Sie mir bitte!
gefallen	Der Sprachkurs gefällt den Teilnehmern.
gehören	Der Fotoapparat gehört Paul.
gratulieren	Wir gratulieren dem Geburtstagskind.
helfen	Alle helfen mir.
passen	Der Anzug passt meinem Mann nicht.
schmecken	Das Essen schmeckt den Kindern.
zuhören	Wir hören Ihnen zu.

Ich leihe dir den Laptop.	***Dativ + Akkusativ***

bringen	Ich bringe Ihnen ein Glas Wasser.
geben	Geben Sie mir etwas Zeit!
empfehlen	Wir empfehlen euch einen Sprachkurs.
erklären	Der Lehrer erklärt den Schülern die Hausaufgabe.
erzählen	Ich erzähle dir das später.
leihen	Ich leihe dir den Laptop.
schenken	Paul schenkt Anna einen Ring.
schicken	Schickst du mir eine E-Mail?
schreiben	Anna schreibt ihren Eltern einen Brief.
senden	Wir senden euch viele Grüße.
zurückgeben	Morgen gebe ich dir das Buch zurück.

Paul wartet auf den Bus.	***Präposition + Akkusativ***

aufpassen auf	Pass auf deine Tasche auf!
bitten um	Sie bittet mich um einen Gefallen.
denken an	Paul denkt an seine Prüfung.
erinnern an	Bitte erinnern Sie mich an den Termin!
informieren über	Wir informieren Sie über Neuigkeiten.
lachen über	Alle lachen über den Witz.
reden über	Ihr redet über Politik.
sprechen über	Wir sprechen über die Prüfung.
streiten über	Sie streiten über Geld.
warten auf	Paul wartet auf den Bus.

sich ärgern über	Wir ärgern uns über den Lehrer.
sich erinnern an	Paul erinnert sich an dich.
sich freuen auf	Die Schüler freuen sich auf die Ferien.
sich freuen über	Anna freut sich über die Schokolade.
sich informieren über	Bitte informieren Sie sich über die Angebote.
sich interessieren für	Interessierst du dich für Fußball?
sich kümmern um	Wir kümmern uns um die Geschenke.
sich unterhalten über	Sie unterhalten sich über den Urlaub.

Verben

Ich träume vom Urlaub.	***Präposition + Dativ***

anfangen mit	Wir fangen jetzt mit dem Unterricht an.
beginnen mit	Wir beginnen mit der Prüfung.
einladen zu	Paul lädt Anna zum Essen ein.
gratulieren zu	Anna gratuliert Paul zum Geburtstag.
helfen bei	Wer hilft dir bei den Hausaufgaben?
passen zu	Die Bluse passt gut zu der Hose.
reden mit	Rede mit deinem Bruder!
sprechen mit	Ich spreche mit dem Lehrer.
streiten mit	Anna streitet mit ihrer Schwester.
teilnehmen an	Wir nehmen am Sprachkurs teil.
telefonieren mit	Wie oft telefonierst du mit deinen Eltern?
träumen von	Ich träume vom Urlaub.

sich entschuldigen bei	Ich entschuldige mich bei ihm.
sich treffen mit	Paul trifft sich mit Freunden.
sich unterhalten mit	Paul unterhält sich mit Anna.

Anna wohnt in München.	**Wo? → *Ort***

ankommen	Wir kommen pünktlich in Basel an.
arbeiten	Paul arbeitet im Krankenhaus.
aussteigen	Wir steigen hier aus.
bleiben	Heute bleiben wir zu Hause.
einsteigen	Sie steigen am Marienplatz ein.
hängen	Die Hemden hängen im Schrank.

landen	Das Flugzeug landet um neun Uhr in Zürich.
leben	Sie leben bei den Eltern.
liegen	Anna liegt im Bett.
sein	Ich bin draußen.
sitzen	Wir sitzen im Café.
stattfinden	Das Fußballspiel findet auf dem Sportplatz statt.
stehen	Sie stehen vor dem Restaurant.
umsteigen	Wir steigen am Rathaus um.
wohnen	Anna wohnt in München.

Wir fahren nach Frankfurt. Sie kommt aus Italien.	**Wohin? Woher? → *Richtung***

fahren	Wir fahren nach Frankfurt.
fallen	Der Schlüssel fällt auf den Boden.
fliegen	Familie Berger fliegt in die Schweiz.
gehen	Paul geht zum Arzt.
laufen	Die Kinder laufen allein nach Hause.
reisen	Anna reist zu Verwandten.
rennen	Die Kinder rennen zu ihrer Mutter.
springen	Springt nicht ins Wasser!
steigen	Die Kinder steigen auf die Stühle.
ziehen	Ich ziehe nach Hamburg.

kommen	Sie kommt aus Italien. Er kommt aus Russland.

Verben

Paul bringt das Paket zur Post.	***Akkusativ + Richtung***

bringen	Paul bringt das Paket zur Post.
hängen	Hängst du die Jacke auf den Bügel?
legen	Anna legt die Post auf den Tisch.
schicken	Sie schicken Geschenke nach Hause.
setzen	Setz dich dorthin!
stecken	Steck dein Handy in die Tasche!
stellen	Stellt ihr die Fahrräder in die Garage?
tragen	Ich trage die Getränke in den Keller.
werfen	Wir werfen das in den Müll.

..., weil ich in Deutschland lebe. – *Position im Satz*

Ich lerne Deutsch.	***Aussage***

	1	2		***Ende***
lernen	Ich	lerne	Deutsch.	
	Seit zwei Jahren	lerne	ich Deutsch.	
anfangen	Der Kurs	fängt	im Herbst	an.
	Im Herbst	fängt	der Kurs	an.
	Der Kurs	hat	gestern schon	angefangen.
	Gestern	hat	der Kurs schon	angefangen.
wollen	Wir	wollen	schnell Deutsch	lernen.

Mach einen Deutschkurs!	***Imperativ***

	1		***Ende***
machen	Mach	einen Deutschkurs!	
mitkommen	Kommt	doch auch	mit!
zuhören	Hören Sie	bitte genau	zu!
lassen	Lass	mich in Ruhe	überlegen!

Verben

Wo lernst du Deutsch?	***W-Frage***

	1	2		***Ende***
lernen	Wo	lernst	du Deutsch?	
anfangen	Wann	hat	der Kurs	angefangen?
wollen	Was	willst	du später mal	machen?
können	Wie	kann	ich Ihnen	helfen?

Sprichst du Deutsch?	***Ja-Nein-Frage***

	1		***Ende***
sprechen	Sprichst	du Deutsch?	
mitkommen	Kommst	du auch	mit?
anfangen	Hat	der Kurs schon	angefangen?
wollen	Wollen	Sie auch Deutsch	lernen?

…, weil ich in Deutschland lebe.	***weil-, dass-Satz***

				Ende
leben	Ich lerne Deutsch,	weil	ich in Deutschland	lebe.
anfangen	Ich muss gehen,	weil	der Kurs gleich	anfängt.
helfen	Es war gut,	dass	du mir	geholfen hast.
müssen	Ich weiß,	dass	ich Deutsch	lernen muss.

Artikel + Nomen

Das Haus – *Bestimmter Artikel*

der *Garten*	**die** *Wohnung*	**das** *Haus*
die *Gärten, Wohnungen, Häuser*		

	Maskulinum Singular (m)	*Femininum Singular (f)*	*Neutrum Singular (n)*	*Plural (Pl.)*	
Nominativ	der	die	das	die	r-e-s-e
Akkusativ	den	die	das	die	n-e-s-e
Dativ	dem	der	dem	den	m-r-m-n

Gefällt euch das Haus?	***Nominativ***

Maskulinum (m)	*Femininum (f)*	*Neutrum (n)*	*Plural (Pl.)*
der Garten	die Wohnung	das Haus	die Möbel

der Aufzug	die Heizung	das Bad
der Balkon	die Klingel	das Bett
der Computer	die Küche	das Büro
der Eingang	die Lampe	das Dach
der Fernseher	die Mülltonne	das Fenster
der Keller	die Terrasse	das Klavier
der Stuhl	die Treppe	das Radio
der Tisch	die Tür	das Zimmer

Das ist das Haus. Der Eingang ist hier. Die Küche ist modern. Das Bad ist neu.
Die Heizung funktioniert. Die Zimmer sind schön, die Möbel auch. Der Garten ist groß.
Gefällt euch das Haus?

Artikel + Nomen

Wir suchen den Eingang.	***Akkusativ***

Maskulinum (m)	*Femininum (f)*	*Neutrum (n)*	*Plural (Pl.)*
den Garten	die Wohnung	das Haus	die Möbel

Da vorne sehen wir das Haus. Wir suchen den Eingang. Wir finden die Klingel nicht. Anna macht die Tür auf. Wir schauen die Zimmer an. Dann gehen wir in den Garten.

Das Haus gehört der Frau.	***Dativ***

Maskulinum (m)	*Femininum (f)*	*Neutrum (n)*	*Plural (Pl.)*
dem Garten	der Wohnung	dem Haus	den Möbeln

Wir stehen vor dem Haus und klingeln an der Tür. Eine Frau kommt aus dem Garten. Das Haus gehört der Frau. Sie geht zu den Mülltonnen.

Ein Tisch / Kein Tisch – *Unbestimmter Artikel/Negationsartikel*

der → **ein/kein** *Tisch*	*die* → **eine/keine** *Lampe*	*das* → **ein/kein** *Bett*
die → –/**keine** *Möbel*		

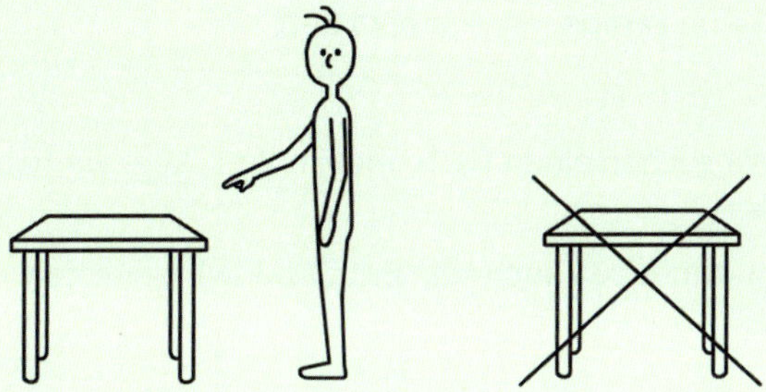

	Maskulinum (m)	*Femininum (f)*	*Neutrum (n)*	*Plural (Pl.)*
Nominativ	ein/kein	eine/keine	ein/kein	–/keine
Akkusativ	einen/keinen	eine/keine	ein/kein	–/keine
Dativ	einem/keinem	einer/keiner	einem/keinem	–/keinen

Das ist eine Lampe.	***Nominativ***

Maskulinum (m)	*Femininum (f)*	*Neutrum (n)*	*Plural (Pl.)*
ein Tisch	eine Lampe	ein Bett	– Möbel
kein Tisch	keine Lampe	kein Bett	keine Möbel

Das ist ein Tisch. Das ist eine Lampe. Das ist ein Bett. Das sind Möbel.

Das ist kein Tisch. Das ist keine Lampe. Das ist kein Bett. Das sind keine Möbel.

Artikel + Nomen

Wir haben keinen Tisch.	*Akkusativ*

Maskulinum (m)	*Femininum (f)*	*Neutrum (n)*	*Plural (Pl.)*
einen Tisch	eine Lampe	ein Bett	– Möbel
keinen Tisch	keine Lampe	kein Bett	keine Möbel

Wir brauchen Möbel. Wir suchen einen Tisch und ein Bett. Aber wir haben schon Stühle und eine Lampe.

Wir haben keinen Tisch. Wir haben auch kein Bett. Aber wir brauchen keine Stühle und auch keine Lampe.

Anna träumt von einem Bett.	*Dativ*

Maskulinum (m)	*Femininum (f)*	*Neutrum (n)*	*Plural (Pl.)*
einem Tisch	einer Lampe	einem Bett	– Möbeln
keinem Tisch	keiner Lampe	keinem Bett	keinen Möbeln

Anna träumt von einem Bett, von einem Tisch und einer Lampe. Anna träumt von Möbeln.

Paul träumt von keinem Bett, von keinem Tisch und auch von keiner Lampe. Paul träumt von keinen Möbeln. Er träumt von einem Klavier.

Mein Vater – *Possessivartikel*

ich → **mein**	*du* → **dein**	*er/es* → **sein**	*sie* → **ihr**
wir → **unser**	*ihr* → **euer**	*sie* → **ihr**	*Sie* → **Ihr**

Das sind meine Eltern.	***Nominativ***

der/ein (m)	*die/eine (f)*	*das/ein (n)*	*die/– (Pl.)*
mein Vater	meine Mutter	mein Kind	meine Eltern
dein Vater	deine Mutter	dein Kind	deine Eltern
sein Vater	seine Mutter	sein Kind	seine Eltern
ihr Vater	ihre Mutter	ihr Kind	ihre Eltern
unser Vater	unsere Mutter	unser Kind	unsere Eltern
euer Vater	eure Mutter	euer Kind	eure Eltern
ihr Vater	ihre Mutter	ihr Kind	ihre Eltern
Ihr Vater	Ihre Mutter	Ihr Kind	Ihre Eltern

	der Bruder, die Familie, die Geschwister, die Schwester, die Tante	
der/ein (m)	Das ist meine Familie. Wie heißt dein Bruder? Sein Vater ist Ingenieur.	 *= der Vater von Paul*
die/eine (f)	Das ist ihre Mutter. Unsere Tante besucht uns. Wie alt ist Ihre Schwester?	*= die Mutter von Anna*
das/ein (n)	Dein Fahrrad ist kaputt. Unser Auto ist alt. Ist das euer Haus?	
die/– (Pl.)	Das sind meine Eltern. Wo sind eure Geschwister? Ihre Kinder sind noch klein.	 *= die Kinder von Paul und Anna*

Artikel + Nomen

Ich treffe deinen Vater.	***Akkusativ***

den/einen (m)	*die/eine (f)*	*das/ein (n)*	*die/– (Pl.)*
meinen Vater	meine Mutter	mein Kind	meine Eltern
deinen Vater	deine Mutter	dein Kind	deine Eltern
seinen Vater	seine Mutter	sein Kind	seine Eltern
ihren Vater	ihre Mutter	ihr Kind	ihre Eltern
unseren Vater	unsere Mutter	unser Kind	unsere Eltern
euren Vater	eure Mutter	euer Kind	eure Eltern
ihren Vater	ihre Mutter	ihr Kind	ihre Eltern
Ihren Vater	Ihre Mutter	Ihr Kind	Ihre Eltern

	die Adresse, der Ausweis, das Auto, das Buch, die E-Mail, das Fahrrad, das Foto, der Freund, die Handynummer, die Hilfe, der Schlüssel, der Vater	
den/einen (m)	Ich treffe deinen Vater. Paul sucht seinen Schlüssel. Haben Sie Ihren Ausweis hier?	
die/eine (f)	Ich gebe dir meine Handynummer. Hast du ihre Adresse? Wir brauchen eure Hilfe.	*= die Adresse von Paul und Anna*
das/ein (n)	Ich repariere mein Fahrrad. Anna hat ihr Buch vergessen. Wir verkaufen unser Auto.	
die/– (Pl.)	Kann ich deine Fotos sehen? Paul liest seine E-Mails. Wir besuchen unsere Freunde.	

Das Auto gehört seiner Mutter.	***Dativ***

dem/einem (m)	*der/einer (f)*	*dem/einem (n)*	*den/– (Pl.)*
meinem Vater	meiner Mutter	meinem Kind	meinen Eltern
deinem Vater	deiner Mutter	deinem Kind	deinen Eltern
seinem Vater	seiner Mutter	seinem Kind	seinen Eltern
ihrem Vater	ihrer Mutter	ihrem Kind	ihren Eltern
unserem Vater	unserer Mutter	unserem Kind	unseren Eltern
eurem Vater	eurer Mutter	eurem Kind	euren Eltern
ihrem Vater	ihrer Mutter	ihrem Kind	ihren Eltern
Ihrem Vater	Ihrer Mutter	Ihrem Kind	Ihren Eltern

	das Buch, die Großeltern, das Haus, das Land, der Lehrer, die Mutter, der Onkel, der Politiker, die Tante, der Vater, das Zimmer	
dem/einem (m)	Die Wohnung gehört meinem Onkel. Was schenkst du deinem Vater zum Geburtstag? Antwortet eurem Lehrer!	
der/einer (f)	Wann fährst du zu deiner Tante? Das Auto gehört seiner Mutter. Anna ist mit ihrer Mutter im Kino.	*= der Mutter von Paul*
dem/einem (n)	Paul ist in seinem Zimmer. In unserem Land ist alles anders. Die Party findet in ihrem Haus statt.	*= im Haus von Paul und Anna*
den /– (Pl.)	Glaubst du unseren Politikern? Helft euren Großeltern! Was machen Sie mit Ihren Büchern?	

Artikel + Nomen

Jeder Mensch – *Artikelwörter*

der → **jeder** *Mensch*	*die* → **jede** *Frau*	*das* → **jedes** *Kind*
die → **alle** *Leute*		

Jeder Mensch ist anders.	**jeder – alle**

	der (m)	*die (f)*	*das (n)*	*die (Pl.)*
Nominativ	jeder Mensch	jede Frau	jedes Kind	alle Leute
Akkusativ	jeden Menschen	jede Frau	jedes Kind	alle Leute
Dativ	jedem Menschen	jeder Frau	jedem Kind	allen Leuten

	die Ecke, die Frau, der Gast, das Geschenk, das Kind, die Leute, der Mensch, die Party, der Tisch, das Wetter
Nominativ	Jeder Mensch ist anders. Jede Frau tanzt gern, oder? Jedes Kind liebt Schokolade. Alle Leute sind satt.
Akkusativ	Paul begrüßt jeden Gast. Anna geht auf jede Party. Er freut sich über jedes Geschenk. Sie kennt alle Leute dort.
Dativ	Auf jedem Tisch stehen Blumen. In jeder Ecke stehen Tische. Die Party findet bei jedem Wetter statt. Das Essen hat allen Gästen geschmeckt.

der → **dieser** *Rock*	*die* → **diese** *Hose*	*das* → **dieses** *Hemd*
die → **diese** *Schuhe*		

Dieser Rock gefällt mir.	**dieser**

	der (m)	*die (f)*	*das (n)*	*die (Pl.)*
Nominativ	dieser Rock	diese Hose	dieses Hemd	diese Schuhe
Akkusativ	diesen Rock	diese Hose	dieses Hemd	diese Schuhe
Dativ	diesem Rock	dieser Hose	diesem Hemd	diesen Schuhen

	die Bluse, das Geschäft, das Hemd, die Hose, der Hut, das Kleid, der Pullover, der Rock, der Schuh, der Stiefel
Nominativ	Dieser Rock gefällt mir. Was kostet diese Hose? Dieses Hemd ist schön. Diese Schuhe sind zu teuer.
Akkusativ	Ich trage diesen Pullover selten. Ich nehme diese Hose. Wie findest du dieses Kleid? Ich mag diese Stiefel nicht.
Dativ	Mit diesem Hut siehst du unmöglich aus! Was passt zu dieser Bluse? In diesem Geschäft kaufe ich gern ein. In diesen Schuhen kann ich nicht laufen.

Artikel + Nomen

Welcher Tag? – *Frageartikel*

der → **welcher** *Tag?*	*die* → **welche** *Adresse?*	*das* → **welches** *Land?*
die Leute → **welche** *Leute?*		

Welcher Tag ist heute?	**Welcher?**

	der (m)	*die (f)*	*das (n)*	*die (Pl.)*
Nominativ	welcher Tag	welche Adresse	welches Land	welche Leute
Akkusativ	welchen Tag	welche Adresse	welches Land	welche Leute
Dativ	welchem Tag	welcher Adresse	welchem Land	welchen Leuten

	die Adresse, das Buch, das Jahr, das Kind, das Land, die Leute, die Schule, die Straße, der Tag, das Wort
Nominativ	Welcher Tag ist heute? Welche Adresse ist richtig? Welches Land hat die Vorwahl 0049? Welche Leute sind das?
Akkusativ	Welchen Tag haben wir heute? Welche Schule besucht ihr? Welches Buch soll ich kaufen? Welche Wörter kennst du nicht?
Dativ	An welchem Tag hat sie Geburtstag? In welcher Straße wohnt er? In welchem Jahr bist du geboren? Welchen Kindern gefällt das nicht?

Lehrer und Lehrerinnen – *Nomen*

Der Mann, die Frau und das Kind	***Maskulinum (m), Femininum (f), Neutrum (n)***

der (m)	*die (f)*	*das (n)*
der Bruder, Bub, Junge, Mann, Onkel, Sohn, Vater der Gast	die Frau, Mutter, Schwester, Tante, Tochter die Person	das Baby, Kind, Mädchen
der Arzt, Lehrer, Russe, Student	die Ärztin, Lehrerin, Russin, Studentin	
der Morgen, Abend der Tag, Vormittag, Mittag, Nachmittag der Montag, Dienstag, Mittwoch, Donnerstag, Freitag, Samstag, Sonntag der Monat der Januar, Februar, März, April, Mai, Juni, Juli, August, September, Oktober, November, Dezember der Frühling, Sommer, Herbst, Winter	die Nacht, Mitternacht die Woche die Zeit, Uhrzeit, Jahreszeit die Uhr	das Wochenende das Jahr das Neujahr das Datum
der Norden, Süden, Osten, Westen	die Himmelsrichtung	
der Blitz, Donner, Hagel, Nebel, Regen, Schnee, Sturm, Wind der Himmel, Mond, Stern	die Hitze, Kälte, Wärme, Wolke die Erde, Sonne	das Eis, Gewitter, Wetter das Meer, Wasser
der Irak, Iran, Libanon	die Schweiz, Türkei, Ukraine	Deutschland, Österreich das Land
der Flüchtling	die Krankheit die Möglichkeit	das Medikament
	die Wohnung, Zeitung	das Museum
	die Bäckerei	
	die Information die Nationalität	

Artikel + Nomen

Ein Hund und drei Katzen	***Singular und Plural***

	Singular	***Plural***
	der (m) – die (f) – das (n)	*die (Pl.)*
-e	der Berg, Hund, Monat, Tag	Berge, Hunde, Monate, Tage
	die Kenntnis, das Ergebnis	Kenntnisse, Ergebnisse
	das Jahr, Medikament, Meer	Jahre, Medikamente, Meere
¨-e	der Gast, Sohn, Hut	Gäste, Söhne, Hüte
	die Nacht, Not, Frucht, Maus	Nächte, Nöte, Früchte, Mäuse
-en	der Bub	Buben
	die Frau, Person, Uhr	Frauen, Personen, Uhren
	die Lehrerin	Lehrerinnen
	die Krankheit, Information	Krankheiten, Informationen
	das Bett, Ohr	Betten, Ohren
	das Datum, Museum, Konto	Daten, Museen, Konten
-n	der Junge, Russe	Jungen, Russen
	die Katze, Schwester, Wolke	Katzen, Schwestern, Wolken
	das Auge, Wochenende	Augen, Wochenenden
-er	das Bild, Kind, Kleid, Licht	Bilder, Kinder, Kleider, Lichter
¨-er	der Mann, Wald	Männer, Wälder
	das Land, Dorf, Buch, Haus	Länder, Dörfer, Bücher, Häuser
-Ø	der Fehler, Onkel	Fehler, Onkel
	das Fenster, Mädchen, Theater	Fenster, Mädchen, Theater
¨-Ø	der Garten, Mantel, Vater, Bruder	Gärten, Mäntel, Väter, Brüder
	die Tochter, Mutter	Töchter, Mütter
-s	der Opa, Test	Opas, Tests
	die CD, DVD, Oma, Party	CDs, DVDs, Omas, Partys
	das Auto, Baby, Foto, Kino, Taxi	Autos, Babys, Fotos, Kinos, Taxis
	das Gemüse, Gepäck, Obst	–
	–	die Eltern, Geschwister, Leute, Möbel

Der Lehrer gibt der Schülerin das Buch.	***Deklination***

Singular	*Maskulinum (m)*	*Femininum (f)*	*Neutrum (n)*
Nominativ	der Lehrer	die Schülerin	das Buch
Akkusativ	den Lehrer	die Schülerin	das Buch
Dativ	dem Lehrer	der Schülerin	dem Buch

Nominativ	Der Lehrer gibt der Schülerin das Buch.	*+ Dativ + Akkusativ*
	Der Lehrer unterrichtet die Schülerin.	*+ Akkusativ*
	Die Schülerin mag den Lehrer.	*+ Akkusativ*
	Die Schülerin liest das Buch.	*+ Akkusativ*
	Das Buch gefällt der Schülerin.	*+ Dativ*
	Was steht in dem Buch?	*+ Dativ*

Die Lehrer geben den Schülerinnen die Bücher.

Plural	*Maskulinum (m)*	*Femininum (f)*	*Neutrum (n)*
Nominativ	die Lehrer	die Schülerinnen	die Bücher
Akkusativ	die Lehrer	die Schülerinnen	die Bücher
Dativ	den Lehrern	den Schülerinnen	den Büchern

Nominativ	Die Lehrer geben den Schülerinnen die Bücher.	*+ Dativ + Akkusativ*
	Die Lehrer unterrichten die Schülerinnen.	*+ Akkusativ*
	Die Schülerinnen mögen die Lehrer.	*+ Akkusativ*
	Die Schülerinnen lesen die Bücher.	*+ Akkusativ*
	Die Bücher gefallen den Schülerinnen.	*+ Dativ*
	Was steht in den Büchern?	*+ Dativ*

Artikel + Nomen

Kennst du den Herrn?	*n-Deklination*

	Singular (m)	*Plural*	
Nom.	der Mensch	die Menschen	*der Journalist, Polizist, Tourist*
Akk.	den Menschen	die Menschen	*der Elefant, Präsident, Student*
Dat.	dem Menschen	den Menschen	*der Kandidat, Pilot, Soldat*

Der Mensch kann denken.	Der Journalist fragt viel.
Ich habe diesen Menschen noch nie gesehen.	Was schmeckt einem Elefanten?
Die Menschen brauchen Hilfe.	Der Film gefällt den Studenten.

	Singular (m)	*Plural*	
Nom.	der Nachbar	die Nachbarn	*der Junge, Kollege, Kunde, Neffe*
Akk.	den Nachbarn	die Nachbarn	*der Deutsche, Russe*
Dat.	dem Nachbarn	den Nachbarn	*der Buchstabe, Name*
			der Affe, Löwe

Der Nachbar ist im Urlaub.	Wie heißt der Kollege?
Wir helfen dem Nachbarn.	Können Sie den Namen buchstabieren?
Paul unterhält sich mit den Nachbarn.	Die Deutschen mögen Bier und Wein.

	Singular (m)	*Plural*
Nom.	der Herr	die Herren
Akk.	den Herrn	die Herren
Dat.	dem Herrn	den Herren

Der Herr ist mein Nachbar.	Sehr geehrte Damen und Herren!
Kennst du den Herrn?	Ich finde die Herren sympathisch.
Hilf dem Herrn bitte!	Wir zeigen den Herren den Weg.

Pronomen

Ich oder du? – *Personalpronomen*

ich	**du**	*der Mann* → **er**	*die Frau* → **sie**	*das Kind* → **es**	**Sie**
wir	**ihr**	*die Kinder* → **sie**			

Er mag sie.

Singular			*(m)*	*(f)*	*(n)*
Nominativ	ich	du	er	sie	es
Akkusativ	mich	dich	ihn	sie	es
Dativ	mir	dir	ihm	ihr	ihm

Nominativ	Ich bin Paul. Und wer bist du? Das ist Paul. Er mag Anna. Das ist Anna. Sie mag Paul. Das Kind freut sich. Es lacht.
Akkusativ	Du magst mich und ich mag dich. Sie mag ihn und er mag sie. Mein Handy ist weg. Ich finde es nicht mehr.
Dativ	Der Film hat mir sehr gut gefallen. Wie hat er dir gefallen? Das Buch gehört ihm *(= Paul)*, die CD gehört ihr *(= Anna)*. Der Ball gehört ihm *(= dem Kind)*.

Pronomen

Plural				
Nominativ	wir	ihr	sie	Sie
Akkusativ	uns	euch	sie	Sie
Dativ	uns	euch	ihnen	Ihnen

Nominativ	Wir kennen Paul und Anna schon lange. Kennt ihr die beiden? Die Kinder freuen sich, sie lachen. Sind Sie Herr Berger?
Akkusativ	Besucht ihr uns mal wieder? Wir möchten euch gern treffen. Wir finden sie *(= Paul und Anna)* sehr nett. Wann kann ich Sie am besten erreichen, Herr Berger?
Dativ	Das Essen ist uns zu salzig. Schmeckt euch das Essen? Das Essen schmeckt ihnen *(= den Kindern)* nicht. Herr und Frau Berger, wir möchten gern mit Ihnen sprechen.

Der Lehrer erklärt sie ihnen.	***Akkusativ + Dativ***

Nominativ		*Dativ/Akkusativ*	*Akkusativ/Dativ*
Der Lehrer	erklärt	den Schülern	die Hausaufgabe.
		ihnen *(= den Schülern)*	die Hausaufgabe.
		sie *(= die Hausaufgabe)*	den Schülern.
		sie *(= die Hausaufgabe)*	ihnen *(= den Schülern).*

Alles oder nichts? – *Indefinitpronomen*

Niemand hat Zeit.	**man – jemand – niemand**

	Singular		
Nominativ	man	jemand	niemand
Akkusativ		jemand(en)	niemand(en)
Dativ		jemand(em)	niemand(em)

Nominativ	Was soll man sagen? Man kann nichts tun. Kann mir jemand helfen? Niemand hat Zeit.
Akkusativ	Ich habe draußen jemanden gehört, aber niemanden gesehen.
Dativ	Ich kann mein Fahrrad gern jemandem leihen. Dieses Essen schmeckt niemandem!

⇨ Jemand anders weiß das auch nicht.
Ich kenne niemand anders.

Jeder weiß das.	**jeder – alle**

	Singular (m)	*Plural*
Nominativ	jeder	alle
Akkusativ	jeden	alle
Dativ	jedem	allen

Nominativ	Jeder weiß das. Alle waren still.
Akkusativ	Wir informieren jeden persönlich. Wir sind für alle da.
Dativ	Wir helfen jedem. Wir haben mit allen gesprochen.

Pronomen

Einige sind fleißig, andere nicht.	**einige – manche – andere**

	Plural		
Nominativ	einige	manche	andere
Akkusativ	einige	manche	andere
Dativ	einigen	manchen	anderen

Nominativ	Einige sind fleißig, andere nicht. Manche sind sehr faul.
Akkusativ	Wir kennen manche von euch, andere haben wir noch nie gesehen. Einige kennen wir schon lange.
Dativ	Die Übungen sind einigen zu schwer, anderen zu leicht. Manchen machen sie keinen Spaß.

Ich verstehe alles.	**etwas – alles – nichts**

	Singular (n)		
Nominativ	etwas	alles	nichts
Akkusativ	etwas	alles	nichts
Dativ	etwas	allem	nichts

Nominativ	Etwas stimmt nicht. Alles ist neu. Nichts ist leicht.
Akkusativ	Wer möchte etwas sagen? Ich verstehe alles. Er macht nichts.
Dativ	Er ist mit allem zufrieden, sie ist mit nichts zufrieden.

⇨

Das macht nichts.	Hast du schon was gegessen?	= *etwas*
Es gibt nichts Neues.	Ich brauche etwas Zeit.	= *ein bisschen Zeit*
	Haben Sie noch etwas anderes?	

Gibt es noch welche?	**welcher – keiner**

	der (m)	*die (f)*	*das (n)*	*die (Pl.)*
Nominativ	welcher keiner	welche keine	welches keins	welche keine
Akkusativ	welchen keinen	welche keine	welches keins	welche keine

	die Banane, das Brot, die Butter, das Ei, der Korb, der Kühlschrank, das Mehl, der Saft, der Schinken, die Wurst
Nominativ	Schinken fehlt! Oder ist welcher im Kühlschrank? Nein, da ist keiner! Und Wurst? Ist da noch welche? Es ist keine mehr da. Brot – wo ist welches? Es ist keins mehr da. Was ist mit Bananen? Es liegen noch welche im Korb. Nein, da liegen keine!
Akkusativ	Der Saft ist gut. Haben wir noch welchen? Nein, wir haben keinen mehr. Wir brauchen Butter. Kaufst du welche? Ich habe keine gesehen. Und Mehl? Haben wir noch welches? Ich habe keins gekauft. Eier? Gibt es noch welche? Ich sehe keine.

Pronomen

Meiner oder deiner? – *Possessivpronomen*

der/mein Stift	→ **meiner**	**meiner** **deiner** **seiner** *(er/es)* – **ihrer** *(sie)* **unserer** **eurer** **ihrer – Ihrer**
die/meine Uhr	→ **meine**	
das/mein Handy	→ **meins**	
die/meine Schlüssel	→ **meine**	

Ist das meiner?

	der/mein (m)	*die/meine (f)*	*das/mein (n)*	*die/meine (Pl.)*
Nom.	meiner, deiner, seiner, ihrer	meine, deine seine, ihre	meins, deins, seins, ihrs	meine, deine, seine, ihre
Akk.	meinen, deinen, seinen, ihren	meine, deine, seine, ihre	meins, deins, seins, ihrs	meine, deine, seine, ihre
Dat.	meinem, deinem, seinem, ihrem	meiner, deiner, seiner, ihrer	meinem, deinem, seinem, ihrem	meinen, deinen, seinen, ihren

	der/unser (m)	*die/unsere (f)*	*das/unser (n)*	*die/unsere (Pl.)*
Nom.	unserer, eurer, ihrer, Ihrer	unsere, eure, ihre, Ihre	unsers, euers, ihrs, Ihrs	unsere, eure, ihre, Ihre
Akk.	unseren, euren, ihren, Ihren	unsere, eure, ihre, Ihre	unsers, euers, ihrs, Ihrs	unsere, eure, ihre, Ihre
Dat.	unserem, eurem, ihrem, Ihrem	unserer, eurer, ihrer, Ihrer	unserem, eurem, ihrem, Ihrem	unseren, euren, ihren, Ihren

	das Haus, die Jacke, das Kind, der Stift
Nom.	Hier liegt ein Stift. Ist das meiner? Das Haus da hinten ist unsers.
Akk.	Das ist meine Jacke. Ich gebe dir deine.
Dat.	Ihr erzählt von euren Kindern, sie von ihren.

Der da oder der? – *Demonstrativpronomen*

der Käse → **der (da)**	*die Wurst* → **die (da)**	*das Brot* → **das (da)**
die Tomaten → **die (da)**		

Der da ist gut.

	der (m)	*die (f)*	*das (n)*	*die (Pl.)*
Nominativ	der (da)	die (da)	das (da)	die (da)
Akkusativ	den (da)	die (da)	das (da)	die (da)
Dativ	dem (da)	der (da)	dem (da)	denen (da)

	der Apfel, die Bäckerei, das Brot, die Frau, das Gemüse, der Hunger, der Käse, das Kind, der Mann, das Obst, der Salat, die Tomate, die Verkäuferin, die Wurst
Nominativ	Dieser Käse? Oder schmeckt der besser? Der da ist gut. Die Wurst, die ist mir zu fett. Das Gemüse sieht gut aus. Das ist sicher sehr frisch. Tomaten? Die sind ausverkauft.
Akkusativ	Der Salat schmeckt gut. Den empfehle ich dir. Diese Wurst? Die nehme ich und die da auch. Wo ist das Brot? Das haben wir schon gegessen! Wollen wir Äpfel kaufen? Die da können wir nehmen.
Dativ	Siehst du den Mann da? Dem gehört die Bäckerei. Die Frau ist Verkäuferin. Bei der kaufe ich immer Obst. Das Kind hat Hunger. Dem schmeckt es! Meine Kinder sind unproblematisch. Denen schmeckt alles!

Präpositionen

Beim Arzt – *Lokale Präpositionen*

Wo? – Wohin? – Woher?

Ich bin beim Arzt.	**bei – zu – von + *Dativ***

	Wo? → bei	**Wohin? → zu**	**Woher? → von**
	sein	*gehen*	*kommen*
	Wo bist du gerade?	Wohin gehst du?	Woher kommst du?
der Arzt	Beim Arzt.	Zum Arzt.	Vom Arzt.

	arbeiten, essen, sein	*fahren, gehen*	*kommen*
der/ein (m)	Anna ist beim Friseur. Paul ist bei einem Freund.	Anna geht zum Bäcker. Paul geht zu einem Freund.	Anna kommt vom Supermarkt. Paul kommt von einem Freund.
die/eine (f)	Er arbeitet bei der Polizei. Er arbeitet bei einer Autofirma.	Sie geht zur Apotheke. Sie geht zu einer Besprechung.	Sie kommt von der Apotheke. Sie kommt von einer Besprechung.
das/ein (n)	Wir sind beim Einkaufen. Anna ist bei einem Treffen.	Wir gehen zum Einkaufen. Anna geht zu einem Treffen.	Wir kommen vom Einkaufen. Anna kommt von einem Treffen.
die/– (Pl.)	Die Kinder essen bei den Großeltern. Paul ist bei Freunden.	Die Kinder fahren zu den Großeltern. Paul geht zu Freunden.	Die Kinder kommen von den Großeltern. Paul kommt von Freunden.
	beim = bei dem	*zum = zu dem* *zur = zu der*	*vom = von dem*

⇨ Ich bin zu Hause. Ich gehe nach Hause. Ich komme von zu Hause.

Ich fahre nach Frankfurt.	**in – nach – aus + *Stadt/Land***

Wo? → in *(+ Dativ)*	**Wohin? → nach/in (+ *Akk.)***	**Woher? → aus *(+ Dativ)***
leben, sein, wohnen	*fahren, fliegen*	*kommen*
Ich wohne in München Anna lebt in Österreich.	Ich fahre nach Frankfurt Paul fliegt nach Italien.	Ich komme aus Stuttgart Wir kommen aus Bayern.
Er lebt im Libanon.	Wir fliegen in den Iran.	Er kommt aus dem Iran.
Sie wohnen in der Schweiz.	Sie fahren in die Türkei.	Sie kommen aus der Ukraine.
Wir sind in den Arabischen Emiraten.	Wir fliegen in die Niederlande.	Wir kommen aus den USA.

⇨ Gehen Sie geradeaus, dann nach links und dann nach rechts.

Paul kommt aus der Bar.	**aus + *Dativ***

	fallen, holen, kommen	
der (m)	Ich komme aus dem Garten.	*Ich war im Garten.*
die (f)	Paul kommt aus der Bar. Die Schlüssel fallen aus der Tasche.	*Er war in der Bar.* *Sie waren in der Tasche.*
das (n)	Anna kommt aus dem Café.	*Sie war im Café.*
die (Pl.)	Leute kommen aus den Geschäften. Wir holen das Geschirr aus den Schränken.	*Sie waren in den Geschäften.* *Das Geschirr ist in den Schränken.*

Präpositionen

Wir gehen durch den Park.	**durch – gegen – um (… herum) + *Akkusativ***

	fahren, gehen, laufen, reisen, rennen, wandern, werfen
der/ein (m)	Wir gehen durch den Park. Das Tier rennt gegen einen Baum. Sie wandern um den See herum.
die/eine (f)	Er läuft durch die Schule. Das Auto fährt gegen eine Mauer. Sie reisen um die Welt.
das/ein (n)	Wir wandern durch ein Tal. Renn nicht gegen das Tor! Geh um das Haus herum!
die/– (Pl.)	Der Zug fährt durch viele Städte und Länder. Die Kinder werfen Steine gegen Bäume. Die Busse fahren um die Dörfer herum.

Du fährst an der Kirche vorbei.	**an (… vorbei) – (von …) bis zu + *Dativ***

	abbiegen, fahren, gehen, kommen, laufen, sein		
der/ein (m)	Am Supermarkt müssen Sie rechts abbiegen. Wie komme ich von hier bis zum Bahnhof?		
die/eine (f)	Du fährst an der Kirche vorbei. Wie weit ist es bis zur Autobahn?		
das/ein (n)	Wir fahren an einem Sportstadion vorbei. Vom Sportstadion bis zum Schwimmbad ist es nicht weit.		
die/– (Pl.)	Sie gehen an Geschäften vorbei. Von den Geschäften bis zu den Häusern laufen Sie zehn Minuten.		
	am = an dem	*vom = von dem*	*zum = zu dem* *zur = zu der*

Im Kino/Ins Kino – *Wechselpräpositionen*

in – an – auf – über – unter – vor – hinter – neben – zwischen

	Wo? → *Dativ*	**Wohin? → *Akkusativ***
	sein	*gehen*
	Wo bist du heute Abend?	Wohin gehst du heute Abend?
das Kino	Im Kino.	Ins Kino.

	arbeiten, finden, halten, leben, sein, spielen, wohnen	*bringen, fahren, gehen, laufen, steigen, ziehen*
der/ein (m)	Die Kinder spielen im Garten. Die Schule ist hinter einem Wald.	Sie bringt das Kind in den Kindergarten. Wir fahren an einen See.
die/eine (f)	Ich wohne in der Stadt. Paul arbeitet in einer Firma.	Wir gehen über die Straße. Ich ziehe in eine Wohnung.
das/ein (n)	Der Bus hält vor dem Haus. Wir leben in einem Dorf.	Die Kinder gehen ins Bett. Er steigt in ein Taxi.
die/– (Pl.)	Die Garagen sind zwischen den Häusern. Der Biergarten ist unter Bäumen.	Anna fährt in die Berge. Wir laufen über Wiesen.

⇨	Das findet man im Internet.	Wir gehen auf eine Party.

	im = in dem *am = an dem*	*ins = in das* *ans = an das*

Präpositionen

sitzen/setzen stehen/stellen +	in – an – auf – über – unter – vor – hinter – neben – zwischen

	Wo? → *Dativ*	**Wohin? → *Akkusativ***

	sitzen – sitzt – hat gesessen	*(sich) setzen – setzt – hat gesetzt*
	Wo hast du gesessen?	Wohin kann ich mich setzen?
der Stuhl	Auf dem Stuhl.	Auf den Stuhl.

	stehen – steht – hat gestanden	*stellen – stellt – hat gestellt*
	Wo stehen deine Schuhe?	Wohin hast du deine Schuhe gestellt?
die Tür	Vor der Tür.	Vor die Tür.

	sitzen, stehen	*setzen, stellen*
der (m)	Paul sitzt vor dem Fernseher.	Wir setzen uns an den Tisch.
	Das Essen steht auf dem Tisch.	Ich stelle das Bier in den Keller.
die (f)	Ich habe in der Sonne gesessen.	Wir haben uns auf die Treppe gesetzt.
	Das Auto hat vor der Garage gestanden.	Ich habe die Getränke hinter die Tür gestellt.
das (n)	Anna sitzt im Café.	Setz dich ins Auto!
	Neben dem Rathaus steht die Kirche.	Stellst du die Blumen ins Wasser?
die (Pl.)	Auf den Bänken sitzen Leute.	Setzt euch auf eure Plätze!
	Viele Leute stehen an den Kassen.	Wir stellen Blumen auf die Tische.

⇨

Was steht heute in der Zeitung?	Er stellt eine Anzeige ins Internet.

liegen/legen **hängen/hängen**	**+**	**in – an – auf – über – unter – vor – hinter – neben – zwischen**

	Wo? → *Dativ*	**Wohin? → *Akkusativ***

	liegen – liegt – hat gelegen	*legen – legt – hat gelegt*
	Wo liegt die Zeitung?	Wohin hast du die Zeitung gelegt?
das Telefon	Neben dem Telefon.	Neben das Telefon.

	hängen – hängt – hat gehangen	*hängen – hängt – hat gehängt*
	Wo hängt meine Jacke?	Wohin hast du meine Jacke gehängt?
die Garderobe	An der Garderobe.	An die Garderobe.

	liegen, hängen	*legen, hängen*
der (m)	Auf dem Boden liegen Zeitungen. Die Hemden hängen im Schrank.	Paul legt seinen Mantel über den Stuhl. Anna hängt ihre Bluse auf den Bügel.
die (f)	Der Ausweis hat in der Schublade gelegen. An der Wand haben Poster gehangen.	Ich habe den Brief auf die Kommode gelegt. Sie hat das Bild neben die Tür gehängt.
das (n)	Das Buch liegt unter dem Bett. Über dem Bett hängen Fotos.	Ich lege mich auf das Sofa. Häng die Handtücher bitte ins Bad!
die (Pl.)	In den Bergen liegt noch Schnee. Vor den Geschäften hängen Plakate.	Sie legen Teppiche in die Zimmer. Sie hängen Gardinen an die Fenster.

⇨ Deutschland liegt in Europa.

Präpositionen

Am Montag – *Temporale Präpositionen*

Wann?

Am Montag kommen wir.	**an – in + *Dativ***

der (m)	am Montag, Dienstag, Mittwoch, Donnerstag, Freitag, Samstag, Sonntag
	am Tag, Morgen, Vormittag, Mittag, Nachmittag, Abend
die (f)	an der Hochzeit
das (n)	am Wochenende, an Silvester, an Neujahr
die/– (Pl.)	an den Feiertagen, an Weihnachten
	am = an dem

der/ein (m)	im Januar, Februar, März, April, Mai, Juni, Juli, August, September, Oktober, November, Dezember
	im Frühling, Sommer, Herbst, Winter
	in einem Monat
die/eine (f)	in der Nacht, in einer Stunde, in einer Woche
das/ein (n)	in dem Jahr, in einem Jahr
die/– (Pl.)	in den Ferien, in zehn Minuten, in zwei Tagen
	im = in dem

Am Montag kommen wir.	Im August sind wir im Urlaub.
Am Abend kocht Anna.	Im Winter fahren wir Ski.
An ihrer Hochzeit waren sie glücklich.	In der Nacht hat es geregnet.
Am Wochenende haben Paul und Anna Gäste.	In einer Woche fangen die Ferien an.
An Weihnachten essen wir gut.	In diesem Jahr ist viel passiert.
	In zehn Minuten beginnt das Spiel.

Vor dem Frühstück duscht Paul.	**vor – nach + *Dativ***

der/ein (m)	vor dem Unterricht	nach dem Unterricht
	vor dem Urlaub	nach dem Urlaub
die/eine (f)	vor der Arbeit	nach der Arbeit
	vor einer Stunde	nach einer Stunde
das/ein (n)	vor dem Frühstück	nach dem Frühstück
	vor dem Essen	nach dem Essen
die/– (Pl.)	vor den Ferien	nach den Ferien
	vor drei Tagen	nach drei Tagen

Vor dem Urlaub habe ich keine Zeit.	Nach dem Urlaub melde ich mich.
Vor der Arbeit trinkt Anna Kaffee.	Nach der Arbeit geht sie einkaufen.
Vor dem Frühstück duscht Paul.	Nach dem Frühstück geht er ins Büro.
Vor drei Tagen hatte ich Geburtstag.	Nach drei Tagen war alles vorbei.

Wie lange? – Für wie lange?

Anna ist für einen Tag in Bonn.	**für + *Akkusativ***

		Akkusativ ohne Präposition
ein (m)	für einen Tag	einen Tag
eine (f)	für eine Nacht	eine Nacht
ein (n)	für ein Jahr	ein Jahr
– (Pl.)	für drei Monate	drei Monate

Anna ist für einen Tag in Bonn.	Paul war ein Jahr in Amerika.
Kann ich für eine Nacht bei dir schlafen?	Wir sind drei Monate durch Australien gereist.

Präpositionen

Seit wann? – Bis wann? – Ab wann?

Wir sind seit einem Monat hier.	**seit + *Dativ***

der/ein (m)	Wir sind seit einem Monat hier.
die/eine (f)	Es regnet seit einer halben Stunde.
das/ein (n)	Das Telefon ist seit dem Gewitter kaputt.
die/– (Pl.)	Wir haben uns seit den Ferien nicht mehr gesehen.

⇨ seit heute – seit gestern

Wartet bis zur Pause!	**bis zu + *Dativ* – bis + *Akkusativ***

der (m)	Wir bleiben bis zum Schluss.	Bis nächsten Dienstag!
die (f)	Wartet bis zur Pause!	Bis nächste Woche!
das (n)	Tschüss und bis zum nächsten Mal!	Bis nächstes Jahr!
die (Pl.)	Ich habe bis zu den Ferien keine Zeit.	
	zum = zu dem, zur = zu der	

⇨ Bis bald! – Bis morgen!

Paul hat ab Mittwoch Urlaub.	**ab + *Dativ***

der/ein (m)	Paul hat ab Mittwoch Urlaub.
die/eine (f)	Der Film läuft ab nächster Woche im Kino.
das/ein (n)	Anna studiert ab nächstem Jahr.
die/– (Pl.)	Der Film ist ab 18 (Jahren).

⇨ ab sofort – ab jetzt – ab heute – ab morgen

Für Sie – *Andere Präpositionen*

Das Geschenk ist für Sie.	**für – ohne + *Akkusativ***

der/ein (m)	Das Geschenk ist für Sie.	*= Herr Berger*
die/eine (f)	Er arbeitet für die Familie.	
das/ein (n)	Wir brauchen eine Lampe fürs Wohnzimmer.	
die/– (Pl.)	Das Kleid habe ich für 20 Euro bekommen.	

der/ein (m)	Wir kommen ohne ihn.
die/eine (f)	Ich nehme ein Eis ohne Sahne.
das/ein (n)	Sie fährt ohne Auto in Urlaub.
die/– (Pl.)	Er hat ohne Probleme Deutsch gelernt.

Ich fahre mit dem Rad.	**mit – von + *Dativ***

der/ein (m)	Kaffee mit Zucker, bitte!
die/eine (f)	Anna unterhält sich mit einer Freundin.
das/ein (n)	Ich fahre mit dem Rad.
die/– (Pl.)	Die Oma spielt mit den Kindern.

⇨ Paul liegt mit Fieber im Bett.

der/ein (m)	Die Blumen sind von meinem Mann.	
die/eine (f)	Die Idee ist von mir.	*mir = Anna*
das/ein (n)	Er hat Kopfweh vom Wetter.	*vom = von dem*
die/– (Pl.)	Wir feiern in der Wohnung von Freunden.	

Adjektive + Adverbien

Das ist schön. – *Adjektive prädikativ*

Das ist schön.	**sein + *Adjektiv***

alt, gesund, groß, hässlich, hübsch, klein, krank, laut, leise, modern, müde, nett, neu, schön, sympathisch, zufrieden			
Ich	bin zufrieden.	Wir	sind gesund.
Du	bist nett.	Ihr	seid müde.
Paul	ist sympathisch.	Sie	sind krank.
Anna	ist hübsch.	Die Schuhe	sind hässlich.
Das	ist schön.	Die Kinder	sind laut.
Der Laptop	ist alt.	Die Schüler	sind leise.
Die Brille	ist modern.	Die Städte	sind groß.
Das Handy	ist neu.	Die Gärten	sind klein.

⇨

Ich bin ledig. Du bist verheiratet. Er ist geschieden.	Es ist schön, dass du hier bist.

blau, braun, gelb, grau, grün, rot, schwarz, weiß			
Der Mantel	ist rot.	Die Handschuhe	sind grau.
Der Pullover	ist grün.	Die Blusen	sind braun.
Das Kleid	ist gelb.	Die Hemden	sind weiß.
Das T-Shirt	ist blau.	Die Hosen	sind schwarz.

⇨

Anna ist blond.	= *hat blonde Haare*

Das Wetter wird schlecht.	**werden + *Adjektiv***

alt, arm, böse, erwachsen, gut, hell, krank, müde, reich, schlecht

Ich	werde arm.	Wir	werden alt.
Du	wirst reich.	Ihr	werdet krank.
Er	wird erwachsen.	Sie	werden böse.
Das Wetter	wird schlecht.	Die Kinder	werden müde.

⇨ Alles wird gut! | Es wird hell. | Mir wird schlecht.

Wir finden das gut.	**finden + *Adjektiv***

freundlich, gut, langweilig, leicht, schlecht, schwer, spannend, toll

Ich	finde die Idee toll.	Wir	finden das gut.
Du	findest das Essen schlecht.	Ihr	findet die Übungen schwer.
Er	findet die Aufgabe leicht.	Sie	finden den Chef freundlich.
Anna	findet den Film spannend.	Alle	finden das Buch langweilig.

⇨ Wir finden es gut, dass du Deutsch lernst.

Paul sieht nervös aus.	**aussehen + *Adjektiv***

glücklich, gut, lustig, müde, nervös, sauber, schlecht, traurig

Ich	sehe gut aus.	Wir	sehen schlecht aus.
Du	siehst müde aus.	Ihr	seht glücklich aus.
Paul	sieht nervös aus.	Sie	sehen traurig aus.
Die Wohnung	sieht sauber aus.	Die Bilder	sehen lustig aus.

Adjektive + Adverbien

Er arbeitet viel. – *Adjektive adverbial*

Er arbeitet viel.	**Verb + *Adjektiv***

deutlich, fremd, gut, lang, langsam, laut, pünktlich, ruhig, schnell, viel, wenig			
Ich	spreche deutlich.	Wir	kommen pünktlich.
Du	lachst laut.	Ihr	lauft langsam.
Er	arbeitet viel.	Sie	schlafen wenig.
Das Essen	schmeckt gut.	Die Autos	fahren schnell.

⇨

Es geht schnell. Es dauert nicht lang.	Sie fühlt sich fremd.	Bleiben Sie ruhig!

Der alte Laptop – *Adjektive attributiv*

Der alte Laptop ist kaputt.	***Nominativ***

der	*alt + e*	→	der alte Laptop	r
die	*neu + e*	→	die neue Brille	e
das	*alt + e*	→	das alte Handy	s
die	*neu + en*	→	die neuen Schuhe	e

ein	*alt + er*	→	ein alter Laptop	r
eine	*neu + e*	→	eine neue Brille	e
ein	*alt + es*	→	ein altes Handy	s
–	*neu + e*	→	neue Schuhe	e

	alt, billig, groß, klein, neu, schön, teuer
der/ein (m)	Ein neuer Laptop wäre gut. Der alte Laptop ist kaputt. Ein kleiner Fernseher? Der große Fernseher ist super.
die/eine (f)	Das ist eine neue Brille. Die alte Brille gefällt Anna nicht mehr. Das ist eine teure Tasche. Aber die billige Tasche ist auch schön.
das/ein (n)	Hier ist ein altes Handy. Das alte Handy ist das Handy von Paul. Das ist ein schönes Radio. Das schöne Radio gehört meiner Oma.
die/– (Pl.)	Das sind neue Schuhe. Die neuen Schuhe waren teuer. Das sind alte Kleider. Die alten Kleider sind hässlich.

Adjektive + Adverbien

kein, mein, dein, sein, …	*alt + er*	Das ist mein alter Laptop.
keine, meine, deine, seine, …	*neu + e*	Das ist keine neue Brille.
kein, mein, dein, sein, …	*alt + es*	Ist das dein altes Handy?
keine, meine, deine, seine, …	*neu + en*	Seine neuen Schuhe sind schön.

hoch	hoher Turm, hohe Brücke, hohes Haus, hohe Berge
teuer	teurer Laptop, teure Brille, teures Handy, teure Schuhe
dunkel	dunkler Gang, dunkle Wohnung, dunkles Zimmer, dunkle Straßen
viel	viel Sport, viel Zeit, viel Geld, viele Leute
wenig	wenig Sport, wenig Zeit, wenig Geld, wenige Leute
super	super Geburtstag, super Party, super Fest, super Ferien

Paul verkauft den alten Laptop.	***Akkusativ***

den	*alt + en*	→	den alten Laptop	n
die	*neu + e*	→	die neue Brille	e
das	*alt + e*	→	das alte Handy	s
die	*neu + en*	→	die neuen Schuhe	e

einen	*alt + en*	→	einen alten Laptop	n
eine	*neu + e*	→	eine neue Brille	e
ein	*alt + es*	→	ein altes Handy	s
–	*neu + e*	→	neue Schuhe	e

	alt, billig, groß, klein, neu, teuer
der/ein (m)	Paul kauft einen neuen Laptop. Er verkauft den alten Laptop. Ich habe einen großen Fernseher. Den kleinen Fernseher schenke ich dir.
die/eine (f)	Anna hat eine neue Brille. Sie mag die alte Brille nicht mehr. Ich möchte eine teure Tasche. Die billige Tasche kaufe ich nicht.
das/ein (n)	Hast du ein neues Handy? Zeigst du mir das neue Handy? Meine Oma hat ein altes Radio. Sie will mir das alte Radio schenken.
die/– (Pl.)	Ich habe neue Schuhe. Die neuen Schuhe trage ich gern. Wir lieben alte Kleider. Die alten Kleider kaufen wir bei Ebay.

keinen, meinen, deinen, …	*alt + en*	Ich kaufe deinen alten Laptop.
keine, meine, …	*neu + e*	Paul braucht keine neue Brille.
kein, mein, dein, …	*alt + es*	Ich habe kein altes Handy.
keine, meine, ihre, …	*neu + en*	Anna mag ihre neuen Schuhe.

⇨

Guten Tag! Guten Flug! Schönen Urlaub! Herzlichen Glückwunsch!	Viel Spaß! Viel Erfolg!
Gute Fahrt! Gute Reise! Schöne Woche!	Viel Freude!
Schönes Wochenende! Gutes neues Jahr!	Viel Glück!
Schöne Ferien! Frohe Weihnachten!	Viele Grüße!

Adjektive + Adverbien

Viel Spaß mit dem neuen Handy!	***Dativ***

dem	*alt + en*	→	dem alten Laptop	m
der	*neu + en*	→	der neuen Brille	r
dem	*alt + en*	→	dem alten Handy	m
den	*neu + en*	→	den neuen Schuhen	n

einem	*alt + en*	→	einem alten Laptop	m
einer	*neu + en*	→	einer neuen Brille	r
einem	*alt + en*	→	einem alten Handy	m
–	*neu + en*	→	neuen Schuhen	n

	alt, hoch, neu
der/ein (m)	Mit dem alten Laptop können wir nicht arbeiten. Mit einem neuen Laptop wäre das besser.
die/eine (f)	Mit der neuen Brille siehst du toll aus! Mit einer neuen Brille würde er besser sehen.
das/ein (n)	Viel Spaß mit dem neuen Handy! Paul träumt von einem neuen Handy.
die/– (Pl.)	Mit den hohen Schuhen kann Anna nicht laufen. Mit hohen Schuhen kann ich auch nicht laufen.

keinem, deinem, …	*alt + en*	Was ist mit deinem alten Laptop?
keiner, meiner, …	*neu + en*	Anna sieht mit ihrer neuen Brille gut.
keinem, meinem, …	*alt + en*	Wir wissen von keinem alten Handy.
keinen, meinen, …	*neu + en*	Paul träumt von keinen neuen Schuhen!

Sprich lauter! – *Komparation*

laut + er	→	**lauter**	*kalt + ¨er*	→	**kälter**	***Komparativ***

Sprich lauter!	Es wird kälter.

billig, langsam, laut, teuer, wenig	*alt, groß, hoch, jung, kalt, kurz, lang, warm*
Sprich lauter!	Es wird kälter. Gestern war es wärmer.
Fahr langsamer!	Jetzt sind die Tage länger und die Nächte kürzer.
Iss weniger!	Das Kind ist älter und größer geworden.
Hier ist das Obst billiger.	Wir werden alle nicht jünger.
Dort ist das Gemüse teurer.	Auf diesem Stuhl sitzt man höher.

⇨ Ich komme früher.
Er kommt später.

Du kannst das besser.	**gut – viel – gern**

	Komparativ	***Superlativ***
gut	besser	am besten
viel	mehr	am meisten
gern	lieber	am liebsten

Du kannst das besser!	Das ist am besten.
Sie müssen mehr lernen.	Er weiß am meisten.
Magst du lieber Tee oder Kaffee?	Ich trinke am liebsten Wasser.

⇨ Der Nächste bitte!

Adjektive + Adverbien

Hier oder dort? – *Lokale Adverbien*

Wo?

hier ↔ da – dort

Ich wohne hier. Paul wohnt da. Anna wohnt dort.

Hier in München scheint die Sonne.

Berlin: Dort habe ich Familie. Da gefällt es mir.

drinnen ↔ draußen

Sie sind drinnen (im Haus). Wir sind draußen (im Garten).

Drinnen ist es trocken. Draußen regnet es.

vorne ↔ hinten

Paul sitzt vorne (in der ersten Reihe).
Ich sitze hinten (in der letzten Reihe).

Die Gläser stehen vorne, die Teller hinten im Schrank.

oben ↔ unten

Anna ist oben (im Bad). Paul ist unten (im Keller).

Oben auf dem Berg ist es kalt. Unten im Tal ist es warm.

überall ↔ nirgends

Das gibt es überall. Aber das findet man nirgends.

Es regnet überall. Das Wetter ist nirgends schön.

Heute oder morgen? – *Temporale Adverbien*

Wann?

vorgestern – gestern – heute – morgen – übermorgen

Vorgestern hatte Paul Geburtstag. Gestern war Sonntag.

Heute ist Montag.

Morgen kommt Anna. Übermorgen essen wir zusammen.

morgens – vormittags – mittags – nachmittags – abends – nachts	
Morgens trinkt Anna Tee. Vormittags ist sie im Büro. Mittags geht sie nach Hause. Nachmittags kümmert sie sich um die Kinder.	*= jeden Morgen, Vormittag, Mittag, Nachmittag, Abend*
Abends sieht sie fern. Nachts schläft sie.	*= jede Nacht*

⇨ Donnerstags mache ich Sport. *= jeden Donnerstag*

gerade – sofort/gleich – jetzt – bald – später/nachher

Ich telefoniere gerade.

Ich helfe dir sofort. Ich komme gleich.

Der Unterricht beginnt jetzt.

Die Prüfung ist bald.

Wir üben später. Ich gebe dir nachher die Bücher.

zuerst – dann – danach – zuletzt

Zuerst lernen wir Deutsch.

Dann machen wir eine Ausbildung.

Danach suchen wir einen Job.

Zuletzt arbeiten wir.

Adjektive + Adverbien

Wie oft?

immer – meistens – oft – manchmal – selten – nie

Paul kommt immer pünktlich.

Anna kommt meistens auch pünktlich.

Wir telefonieren oft.

Wir skypen manchmal.

Wir sehen euch selten.

Ihr besucht uns nie.

Sehr gut! – *Kleine Wörter*

so – ganz – sehr – ziemlich – zu

Deutsch ist so schwer!

Deutsch ist ganz leicht.

Die Übungen gefallen uns sehr gut.

Aber sie sind ziemlich schwierig.

Die Grammatik ist viel zu kompliziert.

gar nicht/nichts – überhaupt nicht/nichts

Das geht gar nicht!

Die Kinder haben gar nichts gegessen.

Das habe ich überhaupt nicht verstanden.

Wir haben überhaupt nichts gesagt.

Sätze

Wer oder was? – *Fragen*

W-Frage

Wer ist das?	**Wer? – Was? – Wen? – Wem?**

Frage	**1**	**2**		***Antwort***
Nominativ	Wer	ist	das?	*Paul.*
	Was	ist	das?	*Ein Auto.*
Akkusativ	Wen	suchst	du?	*Anna.*
	Was	trinken	Sie?	*Wasser.*
Dativ	Wem	schmeckt	das Essen?	*Mir.*

Nominativ	Wer hat Zeit? Wer hilft dir? Was fehlt noch? Was interessiert dich?
Akkusativ	Wen laden wir ein? Wen kann ich anrufen? Was machst du? Was sollen wir tun?
Dativ	Wem schenken wir die Blumen? Wem gefällt das Buch?

⇨

Wer ist dran?	Was ist los? Was ist passiert?	Was meinst du? Was glaubst du?

Sätze

Wo wohnst du?	**Wo? – Wohin? – Woher? – Wann? – Seit wann? – Warum?**

1	2		*Antwort*
Wo	wohnst	du?	*In München.*
Wohin	gehst	du?	*Nach Hause.*
Woher	kommen	Sie?	*Aus Russland.*
Wann	habt	ihr Zeit?	*Morgen.*
Seit wann	lernen	Sie Deutsch?	*Seit einem Jahr.*
Warum	lacht	Anna?	*Sie freut sich.*

⇨ Woher weißt du das?

Wie ist das Wetter?	**Wie?**

1	2		*Antwort*
Wie	ist	das Wetter?	*Ganz gut.*
Wie	wird	das Wetter morgen?	*Schlecht.*
Wie	war	der Urlaub?	*Schön.*
Wie	gefällt	es euch hier?	*Gut.*
Wie	heißt	dein Freund?	*Paul.*
Wie	schmeckt	das Essen?	*Sehr lecker.*
Wie	haben	Sie geschlafen?	*Danke, gut.*
Wie	ist	das passiert?	*Keine Ahnung.*

⇨

Wie geht's?	*Danke, gut.*
Wie geht es euch?	*Es geht.*
Wie geht es Ihnen?	*Nicht so gut.*

Wie viel kostet das?	**Wie? + *Adjektiv***

1	2		***Antwort***
Wie viel	kostet	das?	*Zehn Euro.*
Wie viel Geld	hast	du?	*Nicht so viel.*
Wie viele Geschwister	haben	Sie?	*Zwei Brüder und eine Schwester.*
Wie alt	ist	deine Schwester?	*22 (Jahre).*
Wie groß	bist	du?	*1,80 Meter. (Einen Meter achtzig.)*
Wie schwer	ist	der Koffer?	*15 Kilo.*
Wie weit	ist	es bis zum Bahnhof?	*Zwei Kilometer.*
Wie lange	sind	Sie im Urlaub?	*Eine Woche.*
Wie oft	besucht	ihr eure Eltern?	*Jedes Wochenende.*
Wie spät	ist	es?	*Halb drei.*

Sätze

Ja-Nein-Frage

Bist du Anna?	**ja – nein**

1	**2**		***Antwort***
Bist	du	Anna?	*Ja.*
Sind	Sie	Herr Berger?	*Nein.*
Hat	Paul	Geld?	*Ja.*
Kommt	ihr	mit?	*Nein.*
Wissen	alle	Bescheid?	*Ja.*

Bist du zu Hause?	**vielleicht – wahrscheinlich – sicher**

1	**2**		***Antwort***
Bist	du	zu Hause?	*Vielleicht.*
Hat	Anna	Zeit?	*Wahrscheinlich.*
Kommt	ihr	auch?	*Sicher.*

Kommst du nicht?	**nein – doch**

1	**2**		***Antwort***
Kommst	du	nicht?	*Nein. (Ich komme nicht.)*
Hast	du	keine Zeit?	*Doch. (Ich habe Zeit.)*
Isst	er	nichts?	*Nein. (Er isst nichts.)*
Kennt	ihr	niemand?	*Nein. (Wir kennen niemand.)*
Nehmen	Sie	nie den Bus?	*Doch. (Manchmal.)*

..., aber die Sonne scheint. – *Satzverbindungen*

Anna kocht und Paul deckt den Tisch.	**und – oder**

Anna kocht und Paul deckt den Tisch.
Die Gäste essen und trinken.
Möchtest du dich unterhalten oder (möchtest du) tanzen?
Willst du Anna helfen oder soll ich ihr helfen?

Es ist kalt, aber die Sonne scheint.	**aber – denn**

		1	**2**	
Ich lerne Deutsch,	aber	Deutsch	ist	nicht leicht.
Es ist kalt,	aber	die Sonne	scheint.	
Es regnet,	aber	Paul	geht	spazieren.
Ich lerne Deutsch,	denn	ich	lebe	in Deutschland.
Anna lädt Freunde ein,	denn	Paul	hat	Geburtstag.
Wir bleiben zu Hause,	denn	es	regnet.	

Es regnet. Deshalb bleiben wir zu Hause.	**deshalb**

	1	**2**	
Ich lebe in Deutschland.	Deshalb	lerne	ich Deutsch.
Paul hat Geburtstag.	Deshalb	lädt	Anna Freunde ein.
Es regnet.	Deshalb	bleiben	wir zu Hause.

Sätze

Schön, dass du kommst! – *Nebensätze*

Schön, dass du kommst!	***dass-Satz***

	dass		***Verb am Ende***
Ich weiß,	dass	Paul heute Geburtstag	hat.
Ich finde es gut,	dass	Paul Geburtstag	feiert.
Anna möchte,	dass	alle	kommen.
Paul freut sich,	dass	das Wetter schön	ist.
Wir sind froh,	dass	es nicht	regnet.
Wir glauben,	dass	Anna Freunde	eingeladen hat.
Es ist gut,	dass	ihr da	seid.
Schön,	dass	du	kommst!
Schade,	dass	es	regnet!

Ich lerne Deutsch, weil ich in Deutschland lebe.	***weil-Satz***

Warum? →	**weil**		***Verb am Ende***
Ich lerne Deutsch,	weil	ich in Deutschland	lebe.
Du kommst nicht,	weil	du krank	bist.
Anna lädt Gäste ein,	weil	Paul Geburtstag	hat.
Wir bleiben zu Hause,	weil	es	regnet.
Ihr fahrt mit dem Zug,	weil	ihr kein Auto	habt.

Zahlen, Datum + Uhrzeit

Eins, zwei, drei – *Zahlen*

eins, zwei, drei	***Kardinalzahlen***

0 null			100 (ein)hundert
1 eins	11 elf	21 einundzwanzig	101 hunderteins
2 zwei	12 zwölf	22 zweiundzwanzig	102 hundertzwei
3 drei	13 dreizehn	…	…
4 vier	14 vierzehn	30 dreißig	200 zweihundert
5 fünf	15 fünfzehn	40 vierzig	300 dreihundert
6 sechs	16 sechzehn	50 fünfzig	400 vierhundert
7 sieben	17 siebzehn	60 sechzig	…
8 acht	18 achtzehn	70 siebzig	1000 (ein)tausend
9 neun	19 neunzehn	80 achtzig	1001 tausendeins
10 zehn	20 zwanzig	90 neunzig	…

0,8	null Komma acht	529	fünfhundertneunundzwanzig
63	dreiundsechzig	1017	(ein)tausendsiebzehn

der erste, zweite, dritte	***Ordinalzahlen***

der 1. erste	der 11. elfte	der 20. zwanzigste
der 2. zweite	der 12. zwölfte	der 21. einundzwanzigste
der 3. dritte	der 13. dreizehnte	…
der 4. vierte	der 14. vierzehnte	der 30. dreißigste
der 5. fünfte	der 15. fünfzehnte	…
der 6. sechste	der 16. sechzehnte	der 100. (ein)hundertste
der 7. siebte	der 17. siebzehnte	…
der 8. achte	der 18. achtzehnte	der 1000. (ein)tausendste
der 9. neunte	der 19. neunzehnte	
der 10. zehnte		

der 56.	der sechsundfünfzigste
der 207.	der zweihundertsiebte
der 1442.	der (ein)tausendvierhundertzweiundvierzigste

Zahlen, Datum + Uhrzeit

Der 2. Juni – *Datum*

Heute ist der 2. Juni.	**Der Wievielte ist heute?**

Nominativ	Gestern war der 1. Juni.	*der erste*
	Heute ist der 2. Juni.	*der zweite*
	Morgen ist der 3. Juni.	*der dritte*

Am 10. Mai hat Anna Geburtstag.	**Am Wievielten? Wann?**

am (= Dativ)	Am 10. Mai hat Anna Geburtstag.	*am zehnten*
	Am 15. September fängt die Schule an.	*am fünfzehnten*
	Am 12. August fliegen wir in Urlaub.	*am zwölften*

Das war 1990.	**In welchem Jahr? Wann?**

Das war 1990.	*neunzehnhundertneunzig*
Das war im Jahr 1990.	
Wir sind (im Jahr) 2001 nach Deutschland gekommen.	*zweitausendeins*
Wir haben (das Jahr) 2017.	*zweitausendsiebzehn*

⇨

Ich bin am 30. Oktober 1992 in München geboren.	*am dreißigsten Oktober neunzehnhundertzweiundneunzig*

Neun Uhr – *Uhrzeit*

Es ist neun Uhr.	**Wie spät ist es? Wie viel Uhr ist es?**

Uhr	Es ist ein Uhr. Es ist eins.
	Es ist neun Uhr. Es ist neun.
Viertel nach	Es ist Viertel nach neun.
halb	Es ist halb zehn.
Viertel vor	Es ist Viertel vor zehn.
vor	Es ist fünf Minuten vor zehn. Es ist fünf vor zehn.
nach	Es ist fünf Minuten nach zehn. Es ist fünf nach zehn.

⇨

Es ist genau zwei (Uhr).	Es ist zehn Uhr morgens.	*= 10 Uhr*
Es ist Punkt zwei.	Es ist zehn Uhr abends.	*= 22 Uhr*

Der Unterricht beginnt um acht.	**Um wie viel Uhr? Wann?**

um	Der Unterricht beginnt um acht.	
	Der Unterricht beginnt um 8:00 Uhr.	*um acht Uhr*
	Er endet um Viertel nach zwölf.	
	Er endet um 12:15 Uhr.	*um zwölf Uhr fünfzehn (Minuten)*
	Der Bus fährt um halb eins.	
	Der Bus fährt um 12:30 Uhr.	*um zwölf Uhr dreißig*
	Der Flieger landet um Viertel vor acht.	*= das Flugzeug*
	Der Flieger landet um 19:45 Uhr.	*um neunzehn Uhr fünfundvierzig*

Register